モチベ0（ゼロ）で作れる！最小限レシピ

経塚 翼

最小限レシピとは!?

最小限で、イエス！節約！

食材が少ない

この本では、料理のおいしさの鍵となる食材を厳選。ほとんどのメインおかずが主材料は2素材、副菜なら1素材で完成します。食費の節約にもなりますよ。もちろん！味もボリュームも「物足りない」なんて言わせません！

家にある調味料で

ポン酢じょうゆは
絶対切らさない

めんつゆ

ポン酢

ぼくのレシピに登場するのは、どこの家庭でも常備している基本的な調味料ばかり。使いきれないような特殊なものは出てこないのでご安心ください。特に、めんつゆ、ポン酢じょうゆは、他の調味料と組み合わせてアレンジも楽しみます。

歌いながらでも
作れるよ

この本のレシピは、そもそも使う材料が少ないので、下ごしらえの手間がかかりません。また、電子レンジも手間を省略するのに一役。例えば、回鍋肉は、材料をすべてボウルに入れてレンチンすれば完成しますよ。

調理の手間が
かからない

あと片付けがラク

なにを隠そう、ぼく自身が大の洗いものギライ！ フライパン1つ、ボウル1つで調理する、ポリ袋を使う、耐熱皿でレンチンしてそのまま食卓に出すなど、洗いものを減らしたい一心で考えたレシピも数知れず…。きっとお役に立てるはず！

料理好きでも
洗いものはイヤな人
多いよね

CONTENTS

PART 5

やっぱホッとするよね〜
野菜おかず

PART 6

お腹いっぱい食べたい
ご飯・麺・粉もの

ぼくの
へなちょこおやつ

● レシピ内の大1＝大さじ1（15㎖）、小1＝小
さじ1（5㎖）です。

● 1カップは200㎖です。

● めんつゆは3倍濃縮タイプを使用しています。

● 野菜、果物は特に表記がないかぎり、皮をむき、
へた、種、わたなどを除いています。

● 特に表記がないかぎり、火加減は中火です。

● はちみつを使用しているメニューは、1歳未満
の乳児には食べさせないでください。

● 電子レンジの加熱時間は600Wを基準にしてい
ます。500Wなら1.2倍、700Wなら0.9倍を目
安に加熱してください。

●「ラップをかけて〇分レンチン」と記載の場合、
特に表記がないかぎり、ラップは蒸気でふくら
んだときに破れないように、端を器の縁につけ、
まん中をふんわりとさせてください。

● オーブントースターの加熱時間は1000Wのも
のを基準にしています。W数が異なる場合は加
熱時間を調整してください。

《 電子レンジ加熱早見表 》

500W	600W	700W
40秒	30秒	30秒
1分10秒	1分	50秒
1分50秒	1分30秒	1分20秒
2分20秒	2分	1分50秒
3分40秒	3分	2分40秒
4分50秒	4分	3分40秒
6分	5分	4分30秒

※機種によって差があるので、様子を見ながら
加減してください。

好きな
メニューから
作ってね

最小限な人気メニュー20

PART
1

肉じゃがにハンバーグ、グラタン、焼きそばなど、
大好きな定番メニュー20品を、大人も子どもも
ジョーシキ破り（!?）でも絶品のレシピをご堪能あれ！
ジョーシキ破り（!?）でも絶品のレシピをご堪能あれ！

餃子の皮 …… 約16枚
プロセスチーズ …… 8個
キムチ …… 100g
豚バラ薄切り肉 …… 2枚
水 …… 80ml
サラダ油 …… 大さじ1

作り方

① フライパンに油を塗り、餃子の皮
8枚を少しずつ重ねて円形に並べ
る。チーズ、キムチ、豚肉の順に
広げてのせる。残りの餃子の皮を
のせ、皮の外側と内側のふちを指
で軽く押さえる。

② 火にかけ、パチパチ音がしたら水
を加える。弱めの中火にし、ふた
をして約5分蒸し焼きにする。ふ
たをはずして火を強め、底面がカ
リッとするまで約2分焼く。

辛いものが苦手なら、キムチの代わりに
にらを使っても。食べるときに好みで酢
じょうゆやポン酢じょうゆをつけて。

ドーナツ状にして内側と外側
を押さえる。水は不要。

肉だねをこねたり
包んだりする
面倒な手間が
一切なし

超ズボラなのに
激うまっ！

人気
メニュー
01

包まない
豚キムチ餃子

ゆで卵はレンチン、
調味は生ハムに
お任せであっちゅーま
に完成！

おいらの
ポテトサラダ

人気
メニュー
02

材料 2人分

じゃがいも …… 2個(250g)　　マヨネーズ …… 大さじ3

生ハム …… 20g　　　　　　　酢 …… 大さじ1/2

卵 …… 2個

作り方

① じゃがいもは小さめの一口大に切る。耐熱ボウルに入れて水大さじ1（分量外）を加え、ラップをかけて5分レンチンする。水けをきって熱いうちにフォークでつぶす。

② 別の耐熱ボウルに卵を割り入れ、箸で黄身を3ヶ所刺す。ラップをかけて1分レンチンする。いったん取り出して全体をよく混ぜ、再びラップをかけて30秒レンチンする。

③ ①と②を合わせ、生ハムをちぎって加えて混ぜる。マヨネーズ、酢を加えて混ぜ、器に盛って、好みで粗びき黒こしょうをふる。

卵をレンチンするときは、破裂防止のために黄身に穴をあけるのを忘れずに。

卵といもをつぶしたら生ハムを加える。大きめにちぎると存在感が出て◎。

こねてたまるか
ハンバーグ

材料 1人分

合いびき肉 …… 200g
塩 …… ひとつまみ
中濃ソース、ケチャップ、酒 …… 各大さじ1と1/2
サラダ油 …… 小さじ1

作り方

① ひき肉はパックに入ったまま全体に塩をふり、表面を押さえる。

② フライパンに油を熱し、①をパックからひっくり返して入れる。約2分焼いて焼き色がついたら裏返し、水小さじ1（分量外）を加え、ふたをして弱火で約5分焼く。

③ フライパンの端に寄せて余分な脂をふき取り、中濃ソース、ケチャップ、酒を加える。軽く煮てハンバーグを器に盛り、ソースをかける。好みでレタスやミニトマトを添える。

ひき肉をしっかり押さえつけて、空気を抜くようにするのがポイント。

仕上げに空いたところでソースを作る。軽く煮立てる程度でOK。

パックを
利用するから
手もボウルも
汚れない！

肉だけだから
嚙むほどに
うまみが
広がるぅ～

圧倒的時短！
ひらひら
肉じゃが

人気
メニュー
04

牛切り落とし肉 …… 150g

じゃがいも …… 2〜3個(300g)

玉ねぎ …… 1/2個

にんじん …… 1/2本(80g)

水 …… 1カップ

めんつゆ …… 大さじ4

ごま油 …… 大さじ1

作り方

① じゃがいも、玉ねぎ、にんじんは
ピーラーで薄切りにする（手を切
らないように注意。最後のほうは
包丁で切っても）。

② フライパンにごま油を熱し、牛肉
を炒める。色が変わったら①と水
を加える。

③ 煮立ったらめんつゆを加えて約5
分、ときどき混ぜながら、じゃが
いもがやわらかくなるまで煮る。

薄切りだからすぐ煮える。じゃがいも
が崩れないようにやさしく混ぜて。

レンチン二宝菜

人気
メニュー
05

材料 2人分

豚バラ薄切り肉 …… 150g

白菜 …… 1/8株（350g）

A 水 …… 1/2カップ

しょうゆ …… 大さじ2

酒・ごま油 …… 各大さじ1

砂糖・とりがらスープの素
…… 各小さじ1

片栗粉 …… 大さじ1

作り方

① 耐熱ボウルに **A** を入れて混ぜる。

② 豚肉、白菜をキッチンばさみで食べやすく切って①に加え、全体をよく混ぜる。片栗粉を加えてさらによく混ぜる。

③ ラップをかけ、4分レンチンする。いったん取り出して全体をよく混ぜ、ふたたびラップをかけて4分レンチンする。

キッチンばさみを使うからラクチン。
白菜も肉も大きめがおいしい！

片栗粉を加えたら、全体をよく混ぜる
のがポイント。2回に分けて加熱して。

カレー粉で簡単!
ダージーパイ

材料 1〜2人分

とりむね肉 …… 大1枚
　（300g）
溶き卵 …… 1個分

Ⓐ 酒・しょうゆ・はちみつ …… 各大さじ1
　にんにくチューブ・しょうがチューブ
　　・カレー粉 …… 各小さじ1
片栗粉 …… 大さじ3〜4
揚げ油 …… 適量

作り方

① とり肉は厚い部分に切り目を入れて開く。ラップをかぶせ、こぶしでたたいて厚みを均一にする。

② ポリ袋にⒶを入れて混ぜ、①を入れて袋の上からもんで絡める。冷蔵室に30分以上おく。

③ 汁けを軽くきって溶き卵にくぐらせ、両面に片栗粉をしっかりまぶす。

④ フライパンに1cm深さの油を入れて高温（180℃）に熱する。③を入れ、約5分揚げ焼きしたら裏返し、約4分揚げ焼きにする。好みでレモンを絞る。

厚みが均一だから揚げムラになりにくい。全体がカラリとするまで揚げて。

具材はたった2つ。
ソーセージを
バリバリほおばり
ながら食べて！

すっぱだか ナポリタン

人気
メニュー
07

材料 1人分

スパゲッティ …… 100g
玉ねぎ …… 1/4個
ソーセージ …… 2本
塩 …… 大さじ1

A バター …… 10g
ケチャップ …… 大さじ5
はちみつ …… 大さじ1
オリーブオイル …… 大さじ1/2

作り方

1 鍋にたっぷりの湯を沸かして塩を入れ、スパゲッティを袋の表示どおりにゆでる(ゆで汁はとっておく)。

2 玉ねぎは薄切りにする。フライパンにオリーブオイルを強めの中火で熱し、玉ねぎ、ソーセージを入れて、玉ねぎが透き通るまで炒める。

3 端に寄せて **A** を加えて炒め合わせ、**1**のスパゲッティとゆで汁1/4カップを加え、混ぜながら絡める。器に盛り、好みで粉チーズをかける。

麺のゆで上がりに合わせて具材を炒めておいて。ゆで汁の量は調整を。

玉ねぎの薄切り …… 1個分

塩 …… ひとつまみ

水 …… 1と1/2カップ

カレールウ …… 90g

ウスターソース …… 大さじ1

牛乳 …… 1/4カップ

オリーブオイル …… 大さじ1

温かいご飯 …… 適量

うまみ出しの
立役者は玉ねぎ。
炒め加減が
ポイントっ！

作り方

① フライパンにオリーブオイルを強めの中火で熱し、玉ねぎ、塩を入れ、玉ねぎを焼きつけるように6〜7分炒め、こげそうになったら水大さじ1（分量外）を入れる。

② 全体があめ色になったら水を加え、煮立ったら中火にしてカレールウを入れて混ぜる。ルウが溶けたらソース、牛乳を加え、ひと煮立ちさせる。

③ 器にご飯を盛り、②をかける。

強めの中火で炒め、焦げそうになったらそのつど水を加えて。

人気
メニュー
08

究極の
玉ねぎだけカレー

もちもち
うどんグラタン

材料 **1人分**

冷凍うどん …… 1玉

ベーコン …… 1枚

A ┌ 小麦粉 …… 大さじ1
　　│ バター …… 10g
　　└ 塩 …… 小さじ1/3

牛乳 …… 1/4カップ

ピザ用チーズ …… 40g

作り方

① 冷凍うどんは袋の表示どおりにレンチンして、ほぐさずに5cm
幅に切る。ベーコンは1cm幅に切る。

② 耐熱容器にうどん、**A** を入れてよく混ぜる。牛乳を加えてさ
らに混ぜ、ラップをかけて3分レンチンする。全体をよく混ぜ
る。

③ ベーコンを加えて混ぜ、チーズを散らす。オーブントースター
で焼き色がつくまで約10分焼く。

冷凍うどんをマカロニの代わりに活用。
ほぐさずに食べやすく切ればOK。

耐熱容器の中で、うどんと調味料など
を混ぜるから、洗い物も減らせて◎。

シュウマイの皮で簡単ラザニア

人気
メニュー
10

材料 4個分

合いびき肉 …… 150g
A ケチャップ …… 大さじ2
　ウスターソース・酒
　　…… 各大さじ1
　塩・にんにくチューブ
　　…… 各少々

シュウマイの皮 …… 24枚
粉チーズ …… 適量
スライスチーズ …… 4枚

作り方

① 耐熱ボウルにひき肉と **A** を入れて混ぜ、ラップをかけて5分レンチンする。いったん取り出して混ぜ、再びラップをかけて3分レンチンして混ぜる。オーブンを200℃に予熱する。

② オーブンシートにシュウマイの皮4枚を間隔をあけて並べ、①と粉チーズを大さじ1/2ずつのせ、シュウマイの皮を1枚ずつのせる。これをあと4回繰り返す。

③ スライスチーズをかぶせ、200℃のオーブンで約20分焼く。

途中でいったん取り出し、ひき肉をほぐすようにして混ぜると加熱ムラなし。

皮、ひき肉、粉チーズの順に重ねる。ちょっとくらいはみ出しても大丈夫。

レンチン
ミートソース×
シュウマイの皮で
ラザニア確定！

野菜ジュースでハッシュドビーフ

野菜ジュースで
長時間煮たような
うまみと
コクが！

材料 2人分

牛切り落とし肉 …… 200g

玉ねぎ …… 1/2個

小麦粉 …… 大さじ1

バター …… 20g

A 野菜ジュース（食塩不使用）
　…… 200㎖
　ケチャップ・ウスターソース
　・はちみつ …… 各大さじ1
　塩 …… 小さじ1/2

温かいご飯 …… 適量

作り方

① 玉ねぎは薄切りにする。フライパンにバターを熱して溶かし、牛肉を入れ、肉の色が変わるまで炒める。玉ねぎを加え、しんなりするまで炒める。

② 小麦粉を加え、粉っぽさがなくなるまでよく炒める。Aを順に加えて煮立て、ときどき混ぜながら弱火で約5分煮る。温かいご飯とともに器に盛り、好みでドライパセリをふる。

野菜ジュースは好みのもので。200㎖の紙パックが便利。

甘めの味付けに
しょうがチューブが
いい仕事してます

人気
メニュー
12 レンチン肉豆腐

[材料] **2人分**

豚バラ薄切り肉 …… 100g

絹ごし豆腐 …… 300g

A みりん …… 大さじ3

　 しょうゆ …… 大さじ2

　 しょうがチューブ

　　 …… 小さじ1

　 和風顆粒だし …… ひとつまみ

[作り方]

① 豆腐は8等分に切る。豚肉は食べ
やすい大きさに切る。

② 耐熱皿に A を入れて混ぜ、豚肉、
豆腐を順に入れる。

③ ラップをかけ、3分レンチンする。
いったん取り出して全体を混ぜて
再びラップをかけ、3分レンチン
する。

豆腐が崩れないようにそ
っと混ぜて。直径20cmく
らいの耐熱皿がおすすめ。

火通りのよい
具材だから
圧倒的時短！

人気
メニュー
13

帰ったら10分で完成！
ユッケジャンスープ

[材料] 1〜2人分

牛薄切り肉 …… 150g
豆もやし …… 1/2袋
にら …… 1/3束
ごま油 …… 大さじ1
にんにくチューブ …… 小さじ1

A しょうゆ …… 大さじ2
酒・コチュジャン …… 各大さじ1
砂糖 …… 小さじ1
とりがらスープの素 …… 小さじ1/2
水 …… 1と1/2カップ

[作り方]

① にらは5cm長さに切る。

② 鍋にごま油、にんにくを入れて弱火で炒め、香りが立ったら牛肉を加えて中火で炒める。肉の色が変わったら、豆もやし、にら、**A** を加え、煮立ったら弱火で2〜3分煮る。

肉を炒めたあとは、野菜も調味料も一気に入れてほったらかしで完成。

人気メニュー 14

マヨが決め手
親子ドン！

甘辛いチキンと
とろ～り半熟卵が
合いすぎる！

材料 1～2人分

とりもも肉 …… 大1枚(300g)

塩 …… 少々

卵 …… 2個

マヨネーズ …… 小さじ2

A みりん …… 大さじ2

しょうゆ …… 大さじ1と1/2

砂糖・酒 …… 各大さじ1

コチュジャン(または豆板醤)
…… 小さじ1

温かいご飯 …… 適量

サラダ油 …… 少々

作り方

① とり肉は大きめの一口大に切り、全体に塩をふる。ボウルに卵を割り入れ、マヨネーズを加えて混ぜる。**A**は混ぜておく。

② フライパンに油を強めの中火で熱し、①の卵液を流し入れる。大きく混ぜ、半熟になったらいったん取り出す。

③ 同じフライパンにとり肉を皮目を下にして入れ、両面を焼き色がつくまで焼く。**A**を加えて混ぜながら煮絡める。②を戻し入れてざっと混ぜ、器に温かいご飯を盛って、のせる。

卵だけ先に取り出すと、火が通りすぎる失敗がなく仕上がりもきれいに。

屋台風！
ソース焼きそば

> 肉とキャベツだけ！
> この潔さが
> ウマいんです

材料 1人分

焼きそば用麺 …… 1玉　　　天かす …… 10g

キャベツ …… 1/10個(100g)　　中濃ソース …… 50g

豚バラ薄切り肉 …… 3枚

作り方

① キャベツは細切りにする。豚肉は一口大に切る。焼きそば用麺は袋の上から軽くもんでほぐす。

② フライパンに麺を入れて火にかけ、ほぐしながら約3分焼く。端に寄せ、空いたところに豚肉を加えて焼く。

③ 肉の色が変わったら弱めの中火にして、肉の上にキャベツ、天かすをのせる。さらに麺をのせ、ふたをして約2分、蒸し焼きにする。

④ 全体を混ぜ合わせて約30秒焼き、ソースを加えて混ぜる。器に盛り、好みで青のりをふり、紅しょうがを添える。

肉と野菜の上に麺をのせて蒸し焼きにするのがしっとり仕上げるコツ。

材料 1人分

卵 …… 3個
塩 …… 少々
マヨネーズ …… 大さじ1/2
炊きたてのご飯 …… 200g
ケチャップ …… 大さじ2
ハム …… 2枚

作り方

① 直径20cmの耐熱皿に卵を割り入れ、塩、マヨネーズを加えて混ぜ合わせる。

② ご飯にケチャップ、一口大にちぎったハムを加え、混ぜる。器に盛り、丸く形をととのえる。

③ ①にラップをかけ、卵がかたまるまで2分レンチンする。②にスライドさせるようにしてのせ、好みでケチャップをかける。

包丁も火も不要の
ズボラ的絶品
オムライス♪

人気
メニュー
16

全部レンチン
オムライス

卵液を入れる耐熱皿は深さのあるものを。

米 …… 2合

とりもも肉 …… 大1枚(300g)

A
- 酒・しょうゆ …… 各大さじ1
- しょうがチューブ・
  にんにくチューブ
  …… 各小さじ1

B
- レモン汁 …… 大さじ2
- オイスターソース・
  はちみつ …… 各大さじ1

作り方

① 米はといでざるに上げる。ボウルに **A** を混ぜ、とり肉を加えてよくなじませ、約10分おく。**B** は混ぜ合わせる。

② 炊飯器の内がまに米を入れ、①のとり肉のボウルの漬け汁だけを入れる。2合の目盛りまで水を加え、ざっと混ぜたらとり肉をのせ、通常モードで炊く。

③ 炊き上がったら、とり肉を取り出して食べやすい大きさに切る。器にご飯を盛ってとり肉をのせ、**B** を添える。好みでレモン、パクチーも添える。

人気
メニュー
17

炊飯器で一撃 カオマンガイ

母直伝のレシピ。
肉のうまみを吸った
米もたまらんっ！

漬け汁だけを先に混ぜて、
とり肉は上に。時間をおかずすぐに炊いて。

難しいことなし！
大量のキャベツも
ペロリの
うまみそ味

火も包丁もいらん。レンチン回鍋肉

材料 2人分

豚こま …… 150g
キャベツ …… 1/5個（200g）
A みりん …… 大さじ2
　みそ …… 大さじ1
　片栗粉 …… 大さじ1/2
　豆板醤 …… 小さじ1/2
　にんにくチューブ
　　…… 小さじ1/2

作り方

① **A**を混ぜ、豚肉を加えてよくなじませる。

② 耐熱ボウルにキャベツを一口大にちぎりながら入れ、①を広げてのせる。ラップをかけて3分レンチンし、いったん取り出して全体を混ぜ、再びラップをかけて3分レンチンする。取り出して全体をさっと混ぜる。

キャベツ、肉の順に重ねてレンチンするだけ。ラップはふんわりとかけて。

ぼくのごほうび飯。
ねぎと肉だけなのに
飛ぶほどウマい！

人気
メニュー
19

ふだん食べたい
フライパンすき焼き

材料 2人分

牛すき焼き用肉 …… 150g

長ねぎ …… 2本

ごま油 …… 大さじ1

A　水 …… 1/2カップ

　　砂糖・しょうゆ・みりん

　　　…… 各大さじ2

　　和風顆粒だし …… 小さじ1

溶き卵 …… 2個分

作り方

① 長ねぎは斜め切りにする。Aは混ぜておく。

② フライパンにごま油を熱し、牛肉を炒める。肉の色が変わり始めたら端に寄せ、ねぎを加える。

③ Aを加え、弱めの中火で約5分煮る。器に盛り、溶き卵につけながら食べる。

肉に赤みが残るくらいで
合わせ調味料を注ぐ。肉が
かたくならない火加減で。

材料 7〜8枚分

ゆでだこの足 …… 150g

万能ねぎ …… 50g

長いも …… 250g

片栗粉 …… 大さじ3

コチュジャン・和風顆粒だし
　　…… 各小さじ1

ごま油 …… 大さじ3

作り方

1 たこは7〜8mm角に切り、万能ねぎは小口切りにする。長いもはすりおろす。

2 ボウルに**1**と片栗粉、コチュジャン、和風顆粒だしを入れて混ぜる。

3 フライパンにごま油を熱し、**2**を7〜8等分ずつ広げ入れる。4〜5分焼いて底面が固まったら裏返し、2〜3分焼く。器に盛り、好みでだしじょうゆ（またはポン酢じょうゆ）を添える。

スプーンでそっとフライパンに広げる。2〜3回に分けると作りやすい。

たことねぎの ちっちゃいチヂミ

人気
メニュー
20

小さく焼くから
ひっくり返すときの
失敗もないヨ♪

こう見えて
大マジメに
配信してます

撮影はiPhone15が基本。三脚と照明2台がぼくの七つ道具です。

野菜先生は
子どもにも人気

ぼくのSNS配信の
舞台裏を大公開！

コスプレか
着物がぼくの
正装です！

まったくの素人だったぼくが料理の投稿を始めたのは、料理のハードルを下げて、誰でも料理を発表できることを伝えたかったから。その思いは変わらず、いまも週に4〜5本を投稿しています。モットーは「楽しい！」「愉快！」と思わせること。ぼくにしかできない唯一無二の発信を続けます！

BGMの選定から動画
編集まで、すべて1人
で製作しています。

オリーブオイルを1cm深さに熱す
Heat olive oil to a depth of 1cm

料理投稿のために、自然光が入ってガスコンロ
3口の新居に引っ越しました。このテーブルで
食事、動画撮影、編集、すべてやっています。

ガツンっ！と食べるなら 肉おかず

PART 2

スーパーでみんながよく買う肉を使った、最小限ながらも
大ボリュームのレシピが70品。食べ盛りさんも必ず満足させます！

食べたら焼き豚だ

2人分

① 白すりごま・みりん・しょうゆ・酢各大2、はちみつ大1、しょうがチューブ小1を混ぜる。

② 豚こま400gを広げ、片栗粉大3をまぶす。

③ フライパンにサラダ油大2を熱し、②の両面を焼き色がつくまで焼く。弱火にして①を加え、混ぜながら炒める。

はちみつと
しょうがじょうゆ
が激ウマ！

ガッツリなのに
しらたきで
ヘルシィ〜！

つゆだく豚キムチ

2人分

① しらたき（アク抜き済みのもの）150g、豚バラ薄切り肉200gは食べやすい大きさに切る。Ⓐ（砂糖・しょうゆ・酒・酢各大1、とりがらスープの素小2）は混ぜる。

② フライパンにごま油大1/2を熱し、豚肉、キムチ100gを炒める。肉の色が変わったらしらたき、水3/4カップ、Ⓐを加えて混ぜ、約2分煮る。

豚こまで
一口カツ

`2人分`

① **豚こま300g**はボウルに入れ、**塩少々**、**マヨネーズ大3**をもみ込む。一口大にギュッと丸め、**パン粉**をしっかりまぶす。

② フライパンに**ごま油**を1cm深さまで入れて熱し、①の全体をこんがり揚げ焼きにする。器に盛り、好みで**ソース**をかける。

とんカツ用肉より火通りが速いです

ユーリン豚

`2人分`

甘酸っぱだれがたまらんっ！

① **長ねぎ1/4本**はみじん切りにする。耐熱ボウルに入れ、**しょうがチューブ小1/2**、**しょうゆ・酢各大1と1/3**、**砂糖大1**、**酒大1/2**を加えて混ぜる。ラップはかけずに1分レンチンする。

② **豚こま200g**は塩少々をふり、**片栗粉大2**をまぶす。フライパンに**サラダ油大3**を熱し、豚肉を揚げ焼きにする。火が通ってカラッとしたら油をきって器に盛り、①をかける。

豚こまの塩レモンソテー

2人分

① フライパンに**サラダ油大1**を熱し、**豚こま200g**を重ならないよう広げ入れる。**塩少々、粗びき黒こしょう適量**をふり、焼き色がつくまで2〜3分焼く。

② 上下を返して**塩少々、粗びき黒こしょう適量**をふり、約1分焼く。**レモン汁大1**を回しかける。

さわやかな
レモンの酸味が
豚肉に合う!

しょうが
たっぷりが
おいしさのカギ

みそバターしぐれ煮

2人分

① **しょうが1かけ**は細切りにする。

② フライパンに**バター10g**を溶かし、**豚こま250g**を色が変わるまで炒める。

③ ①、**白すりごま・酒・みそ・しょうゆ・はちみつ各大1**を加えて混ぜ、約5分炒め煮にする。

冷めてもおいしいからお弁当の
おかずにもぴったり!

豚こま肉を
まとめて焼くと
ステーキに！

豚こまの
おろしステーキ

2人分

① 豚こま200gをボウルに入れ、卵1個、小麦粉大1、酒大1/2、塩小1/3を加えてよく混ぜる。

② フライパンにオリーブオイル大1をひいて①をスプーンで4等分にすくって入れ、形をととのえる。火にかけ、ときどきフライ返しで押さえながら、しっかりと焼き色がつくまで両面を約4分ずつ焼いて器に盛る。

③ フライパンに大根おろし（汁ごと）150g、しょうゆ・酒・みりん各大1を入れて火にかけ、軽く煮て②にかける。

豚ポンレタス

2人分

① レタス1/4個は一口大にちぎり、耐熱皿に広げる。豚こま200gを広げてのせ、塩小1/3をふる。酒大1を回しかけ、ラップをかけて6分30秒レンチンする。

② 汁けをきって豚肉を軽くほぐし、ポン酢じょうゆ適量をかける。

さっぱり味で
箸が止まらない！

豚こまミートボール

`2〜3人分`

① 玉ねぎ1/3個（70g）をみじん切りにし、ケチャップ大3、中濃ソース大2、はちみつ大1を混ぜる。

② ポリ袋に片栗粉大2、顆粒コンソメ小1/2を入れて混ぜ、豚こま400gを入れ、全体に混ざるように袋の上からもみ込む。16等分して丸める。

③ 耐熱皿に並べ、①をまんべんなくかける。ラップをかけて5分レンチンし、耐熱皿を180°回転させてさらに3分レンチンする。

ミートソース風
玉ねぎだれを
たっぷり！

豚となすのめんつゆ煮

`2人分`

① なす1個は1cm厚さの輪切りにする。豚こま200gは大きければ食べやすい大きさに切る。

② 耐熱の器に①、めんつゆ大4を入れて混ぜ、ラップをかけて4分レンチンする。いったん取り出して混ぜ、ふたたびラップをかけて2分レンチンする。

お地味ですが
ぼくの定番

ビタミン豊富な
小松菜は
豚肉と合う！

豚と小松菜の
レンチン蒸し

`1人分`

① 小松菜150gは5cm長さに切る。豚こま
100gは小麦粉小1をまぶす。Ａ（みりん
大2、水小2、塩小1/2）を混ぜる。

② 耐熱ボウルに小松菜を入れてＡを回し
かけ、豚肉を広げてのせる。ラップをか
け、5分レンチンして混ぜる。

とろ〜り豚卵炒め

`1人分`

① 卵1個は溶きほぐし、とりがらスープの
素少々を混ぜる。

② フライパンにごま油大1を熱し、豚こま
100gを炒める。肉の色が変わったら塩・
こしょう各少々をふる。①を流し入れて
火を止め、全体を大きく混ぜて余熱で卵
に火を通す。

卵は2個に
増やしてもOK！

オイスターソースのこくでご飯がすすむ

中華な豚しいたけ

2人分

1. **しいたけ4枚**は軸と分け、ともに薄切りにする。**豚バラ薄切り肉200ｇ**は一口大に切る。

2. 耐熱ボウルに①、**片栗粉・酒・オイスターソース・ごま油各大1、しょうゆ大1/2、塩少々**を入れて混ぜ、ラップをかけて3分レンチンする。いったん取り出して軽く混ぜ、ふたたびラップかけて3分レンチンし、取り出してさっと混ぜる。

韓国風のみそだれでパンチをつけて

わしの豚にら巻き

2人分

1. ラップを広げて**豚バラ薄切り肉200ｇ**を縦長にして少し重ねながら並べ、**塩小々**を全体にふる。**にら1束**を豚肉の幅に合わせて折り、肉の手前側にのせてきつめに巻く。

2. フライパンに**ごま油大1**を熱し、①をラップをはずして巻き終わりを下にして並べ、ときどき転がしながら表面に焼き色がつくまで焼く。弱火にして**酒大4**を加え、ふたをして汁けがなくなるまで焼く。

3. 食べやすく切って器に盛り、**白すりごま・コチュジャン・酢各大1、砂糖・みそ各小1**を混ぜてかける。

豚肉

とろとろ
豚もやし炒め

味つけは
白だしだけ！

`2人分`

① 豚バラ薄切り肉200gは食べやすく切る。
A（水3/4カップ、白だし大2と1/2、片栗粉小2）を混ぜる。

② フライパンにごま油大1を熱し、**もやし200g**、豚肉を入れて肉の色が変わるまで炒める。弱火にし、**A**を再度よく混ぜてから回し入れ、とろみが出るまで絡めながら炒める。

豚肉と新玉ねぎの
うまとろ煮

新玉たっぷりで
ぜひ作って！

`2人分`

① **新玉ねぎ1個**は縦半分に切り、横1cm幅に切る。**豚バラ薄切り肉170g**は食べやすく切る。

② **酒・みりん各大2**、**しょうゆ大1と1/2**、**砂糖小1/2**、**にんにくチューブ小1**を混ぜる。

③ フライパンに**オリーブオイル大1**を熱し、玉ねぎを焼き色がつくまで焼く。豚肉を加えてこんがりと焼き、②を加えて弱めの中火で約3分炒め煮にする。好みで**一味唐辛子**をふる。

焼き肉のたれ
は好みの
ものでOK！

豚にらもやし

2人分

① **にら1/4束**は5cm長さに切る。**豚バラ薄切り肉150g**は食べやすく切り、**焼き肉のたれ大2**をもみ込む。

② **焼き肉のたれ大2**、**酒・ごま油各大1**を混ぜる。

③ 耐熱容器に**もやし200g**、にらを順に入れ、**塩・こしょう各適量**をふる。豚肉をのせ、②をかけ、ラップをかけて7分レンチンする。肉の色が赤ければ追加でレンチンし、好みで**白いりごま**、**一味唐辛子**をふる。

春雨と
豆もやしの
食感がいい！

豚春雨

2人分

① **にら1/2束**は2cm長さ、**豚バラ薄切り肉3枚**は食べやすく切る。

② 耐熱ボウルに**豆もやし1袋（200g）**、①、**水1/2カップ**、**酒大2**、**砂糖・しょうゆ・ごま油・コチュジャン各大1**、**とりがらスープの素少々**を入れてよく混ぜ、**緑豆春雨40g**を加える。ラップをかけて5分レンチンし、いったん取り出して全体を混ぜ、ふたたびラップをかけて5分レンチンする。好みで**白いりごま**をふる。

春雨の代わりに下ゆでしたしらたき
を入れてもおいしいよ！

味つけは
オイスターソース
だけ！

豚キャベ
オイスター蒸し

`2人分`

① **キャベツ1/3個弱（300g）**は一口大に切る。**豚バラ薄切り肉200g**は長さを2〜3等分に切り、**オイスターソース大2**を絡める。

② フライパンにキャベツ、豚肉を順に広げ入れ、**酒大2**を回しかける。ふたをして火にかけ、約2分したら弱めの中火にして約8分蒸し焼きにする。

リボン状の
きゅうりが
食感よし！

ぱりぱり豚しゃぶ

`2人分`

① **きゅうり1本**はピーラーでリボン状に削る。**A（白すりごま大2、砂糖・しょうゆ・酢各大1、みそ小2）**を混ぜる。

② 鍋に湯を沸かして弱火にし、**豚しゃぶしゃぶ用肉200g**を入れる。色が変わったら取り出して粗熱をとり、水けをふく。

③ きゅうり、豚肉、**A**を混ぜる。

> 湯がぐつぐつ煮立った状態で豚肉を入れると肉がかたくなってしまうので、必ず弱火にしてから加え、肉の色が変わったらすぐに取り出して。

とろける
スライスチーズが
おすすめ

豚キムチーズ
のり巻き

`7個分`

① **スライスチーズ7枚**は半分に切る。

② **豚バラ薄切り肉1枚**を縦長におき、**焼きのり（おにぎり用）1枚**をのせる。①を縦に2切れのせ、手前に**キムチ20g**をのせて巻く。同様にあと6個作る。

③ フライパンに②を巻き終わりを下にして入れ、**塩・粗びき黒こしょう各適量**を全体にふって火にかけ、転がしながら全体に焼き色がつくまで焼く。ふたをして弱火にし、約2分蒸し焼きにする。

にんにく
たっぷり
ガツン！と
うまい

あめ色
おろしとんテキ

`2人分`

① **玉ねぎ1/2個**、**にんにく3片**はすりおろす。

② **豚ロースとんカツ用肉2枚**の両面に①を塗り、約20分おく。

③ フライパンに**サラダ油大1**を熱する。豚肉の玉ねぎ、にんにくをぬぐって（とっておく）入れ、両面に焼き色がつくまで焼く。ぬぐった玉ねぎとにんにく、**しょうゆ・みりん各大2**、**はちみつ小1**を加えて混ぜ、肉に絡める。

大根のダブル
使いでからだに
やさしい〜

みぞれ豚大根

`1〜2人分`

① **大根1/2本**の2/3量はスライサーで薄い輪切りにし、残りはすりおろす。**豚バラ薄切り肉150g**は食べやすく切る。

② 鍋に輪切りの大根、**白だし大2**、**しょうがチューブ大1**、**水1と1/4カップ**を入れ、大根がやわらかくなるまで煮る。豚肉を加え、肉の色が変わるまでさらに煮る。

③ 火を止めて大根おろしをのせ、**ごま油適量**を回しかけ、好みで**青のり**、**一味唐辛子**をふる。味をみて足りなければ**塩**でととのえる。

コトコト煮る
からしっとり
やわらか！

韓国風ゆで豚

`作りやすい分量`

① **玉ねぎ1個**は縦半分に切る。**しょうが20g**は皮つきのまま薄切りにする。

② 鍋に①、**豚バラかたまり肉400g**、**長ねぎの青い部分10cm**、**にんにく2片**、**水5カップ**、**酒・みそ各大2**、**しょうゆ大1**、**塩小1/2**を入れ、強火にかける。煮立ったら弱火にし、約30分煮る。

③ 豚肉を取り出し、粗熱をとって1cm幅に切る。食べやすく切った玉ねぎとともに器に盛る。**コチュジャン大2**、**白すりごま・酢・はちみつ・ごま油各大1**を混ぜて添え、つけて食べる。

とりむねのあっさり煮

`2人分`

① **長ねぎ1本**は1cm幅の斜め切りにする。**とりむね肉1枚(250g)**は一口大のそぎ切りにし、**塩少々**をふり、**片栗粉大1**をまぶす。

② フライパンに**サラダ油大1**を熱し、ねぎを入れて全体がこんがりするまで焼く。

③ **水1と1/2カップ**、**砂糖・酒・みりん・しょうゆ各大1**、**和風顆粒だし小1**を加えて混ぜ、煮立ったらとり肉を加え、ときどき混ぜながら、肉に火が通ってとろみがつくまで煮る。

> ゆるめのあんがとり肉とねぎに絡んでウマ！

> 肉のゴロッと感がチーズと合う

とりむね チーズなゲッツ！

`2人分`

① **とりむね肉1枚(250g)**は細かく刻む。ボウルに入れ、**マヨネーズ・酒各大1**、**とりがらスープの素小2**、**砂糖小1**を加えて混ぜ、**片栗粉大1**を加えてさらに混ぜる。

② **さけるチーズ1/2本**は長さを6等分に切る。①を6等分し、チーズを1切れずつ包む。

③ フライパンに**サラダ油大3**を熱し、**②**の両面を焼き色がつくまで約6分揚げ焼きにする。

> 冷めるとチーズは伸びなくなるので、チーズを楽しみたい場合は早めに食べてね。

とり肉は
厚みを均一に
切るのがコツ

とりしゃぶの
レモンキャベツのせ

`2人分`

① **キャベツ1/4個**は細切りにする。ボウルに入れ、**砂糖大1と1/3**、**とりがらスープの素小1/3**、**レモン汁1/2カップ**、**ごま油1/4カップ**を混ぜる。

② **とりむね肉1枚 (250g)** は一口大のそぎ切りにする。全体に**塩少々**をまぶして軽くもみ込み、**片栗粉大2**をまぶす。

③ 鍋に湯を沸かし、強めの中火にしてとり肉を入れ、火が通るまで3〜4分ゆでる。氷水にとり、水けをきって器に盛り、①をのせる。

塩レモンから揚げ

`2人分`

① **青じそ10枚**は粗みじん切りにする。**とりむね肉大1枚 (300g)** は一口大のそぎ切りにする。

② ポリ袋に入れ、**酒大4**、**レモン汁大1**、**にんにくチューブ・しょうがチューブ・ごま油各小1**、**塩小1/2**を加えてもみ込み、冷蔵室で15分以上おく。

③ **片栗粉大3**をまぶす。フライパンに**サラダ油大3**を熱してとり肉を入れ、両面を焼き色がつくまで焼く。器に盛り、好みで**レモン汁**をかける。

まろやかな
酸味だから
食べやすい

わさマヨチキン

2人分

①
とりむね肉1枚 (250g) は全体をフォークで刺し、縦半分に切って1cm幅のそぎ切りにする。ポリ袋に入れ、**白だし大2、練りわさび大1/2、マヨネーズ大1**を加えて袋の上からしっかりもみ込む。**片栗粉大2**をまぶす。

②
フライパンに**オリーブオイル大3**を熱し、①を入れる。両面を2〜3分ずつ揚げ焼きにする。

辛いもの好きなら
食べるときに
わさびを添えて

のり塩チキン

やっぱりウマい
のり×塩コンビ

2人分

①
とりむね肉1枚 (250g) は1cm幅のそぎ切りにする。ボウルに入れ、**とりがらスープの素小2、こしょう少々**を加えて混ぜ、**片栗粉**を薄くまぶす。

②
フライパンに**サラダ油大3**を熱し、①を入れ、上下を返しながら焼き色がつくまで5〜6分揚げ焼きにする。

③
油をきってボウルに入れ、**青のり大1、塩小1/2**を加えて絡める。

レンチン
とりチャーシュー

ご飯にのせて
チャーシュー丼も
おすすめ！

`2人分`

① **とりむね肉大1枚 (300g)** はフォークで数カ所刺す。ポリ袋に入れ、**酒大3、しょうゆ・オイスターソース各大1と1/2、砂糖大1、しょうがチューブ適量**を加えてもみ込み、約15分おく。

② 汁ごと耐熱皿に入れ、ラップをかけて4分レンチンする。いったん取り出して肉の上下を返し、再度ラップをかけて4〜5分レンチンする。

③ 取り出して粗熱をとり、食べやすく切る。器に盛り、汁をかける。好みで**青のり**をふる。

とりハム風

薄く切るとより
ハムっぽいよ！

`2人分`

① **とりむね肉1枚 (250g)** は厚みのある部分を切り開いて厚みを均一にし、フォークで両面を数カ所刺す。**レモン汁・はちみつ・しょうゆ・オリーブオイル各大1、塩ひとつまみ**をすり込む。

② 深めの耐熱皿に入れてラップをかけ、6分レンチンする(蒸し汁はとっておく)。

③ 薄切りにして器に盛り、**②**の汁をかけ、好みで**一味唐辛子**をふる。

切ったときに赤みが残っていたら、ラップをかけて追加で1〜2分レンチンして。

カリッサクッに
スパイシーな
味つけがGOOD

止まらん！
カレーチーズスティック

`2人分`

① **とりむね肉大1枚（300g）** は1.5cm四方の棒状に切る。

② ポリ袋に**①**、**マヨネーズ大2**、**酒大1**、**カレー粉・粉チーズ各小2**を入れ、よくもみ込む。袋から出し、**パン粉**をしっかりまぶす。

③ フライパンに**サラダ油大4**を熱し、**②**の全面をきつね色になるまで約5分揚げ焼きにする。

ほんのり甘い
梅ソースが◎

とりむねしそ巻き
梅肉ソース

`2人分`

① **梅干し3個**は種を除いて包丁でたたく。ボウルに入れ、**みりん・水各大1**、**和風顆粒だし少々**を加え、ペースト状になるまで混ぜる。

② **とりむね肉1枚（250g）** は10等分のそぎ切りにし、**塩少々**をふる。**青じそ10枚**を1枚ずつ巻きつけ、**片栗粉**を全体に薄くまぶす。

③ フライパンに**サラダ油大1**を弱めの中火で熱し、**②**の両面を火が通るまで焼き、器に盛る。フライパンに**①**を入れ、さっと煮て肉にかける。

ごまてり焼き

ごまたっぷりで
奥行きのある
味わいに

2人分

① **とりむね肉大1枚（300g）** は一口大のそぎ切りにし、両面に軽く**塩**をふってなじませ、**片栗粉**を薄くまぶす。

② **白すりごま・しょうゆ各大2、砂糖・みりん各大1、しょうがチューブ小2**を混ぜる。

③ フライパンに**サラダ油大1**を熱し、①の両面をカリッと焼く。**酒大2**をふり入れてふたをし、弱火にして約2分蒸し焼きにする。②を回し入れ、てりが出るまで絡める。

チキンフリット

ふわっとして
軽いから
止まらんっ！

2人分

① **とりむね肉1枚（250g）** は一口大に切る。

② ボウルに**小麦粉50g、卵1個、水大1、顆粒コンソメ小1、にんにくチューブ小2**を入れ、なめらかになるまでよく混ぜる。①を入れ、全体に絡める。

③ フライパンに**サラダ油大4**を熱し、②を入れる。弱めの中火でときどき上下を返しながら約6分揚げる。

あっさりした
ささみに明太子と
チーズが合う

明太ささみピカタ

`2人分`

① **スライスチーズ4枚**は半分に切る。**辛子明太子1/2〜1腹**は身をこそげて薄皮を除く。**卵1個**は割りほぐし、**粉チーズ大1**、**ドライパセリ小1**を加えて混ぜる。

② **とりささみ4本**は厚みに切り込みを入れて開き、包丁の背でたたいて厚みを均一にする。明太子を等分に塗り、スライスチーズを2切れずつのせ、半分に折ってはさむ。両面に**小麦粉**を薄くまぶす。

③ フライパンに**オリーブオイル大1**を熱し、②を①の卵液にくぐらせて入れ、全面に焼き色がついて火が通るまで焼く。器に盛り、好みで**ドライパセリ**をふる。

甘辛カレー味で
子どもも大好き

チーズささみの
カレーてり焼き

`2人分`

① **砂糖・酒・オイスターソース・マヨネーズ・しょうゆ各大1**、**カレー粉小1**を混ぜる。

② **とりささみ4本**は厚みに切り込みを入れて開き、ラップをかぶせてめん棒でたたいて厚みを均一にする。**さけるチーズ2本**を縦半分にさいて1切れずつのせ、半分に折ってはさみ、**片栗粉**を薄くまぶす。

③ フライパンに**サラダ油大1**を弱めの中火で熱し、②を全体に焼き色がついて火が通るまで焼く。①を加え、絡めながら焼く。

ささみの
マヨにんにく焼き

2人分

① マヨネーズ・酒各大1、しょうゆ小2、にんにくチューブ小1、塩・粗びき黒こしょう各少々を混ぜ、**とりささみ3本**を漬けて10分以上おく。

② 小麦粉・片栗粉各大1を混ぜ、①にまぶす。

③ フライパンに**オリーブオイル大2**を熱し、②の両面をしっかり焼き色がついて火が通るまで焼く。

> マヨネーズで
> ささみが
> やわらか！

> 青じそ×ポン酢で
> さっぱり
> 食べられる

ささみの
青じそてり焼き

2人分

① 青じそ**5枚**はせん切りにする。**とりささみ3本**は一口大のそぎ切りにする。

② ボウルにささみを入れ、**酒大1、片栗粉大1/2、塩ひとつまみ**を加えてもみ込む。

③ フライパンに**サラダ油大1**を熱し、②を焼き色がつくまで焼く。上下を返してふたをし、弱火にして約2分蒸し焼きにする。**ポン酢じょうゆ大1**を加えてさっと炒め、火を止め、**白すりごま大1/2**、青じそを加えて混ぜる。

カリカリ
ささみスティック

`2人分`

① **とりささみ4本**は縦半分に切る。ボウルに入れ、**酒・しょうゆ各大1**、**しょうがチューブ小1**を加えて混ぜ、約10分おく。**小麦粉大4**をまぶす。

② フライパンに**サラダ油大4**を熱し、①を入れ、上下を返しながら火が通るまで3〜4分揚げ焼きにする。

> 冷めても
> やわらか。
> お弁当にも◎

ささみ梅チーフライ

> 火通りがいい
> ささみだから
> 作りやすい

`2人分`

① **梅干し2個**は種を除き、包丁でたたいてペースト状にする。

② **とりささみ4本**は縦に1本切り込みを入れ、厚さが均一になるように開く(観音開き)。ラップをのせ、めん棒などでたたいて薄くし、**塩・こしょう各少々**をふる。

③ ①と**ピザ用チーズ40g**を等分して手前にのせ、きっちり巻く。**小麦粉**を薄くまぶし、**溶き卵1個分**にくぐらせ、**パン粉適量**をまぶす。

④ フライパンに**サラダ油**を1cm深さまで入れて熱し、③を入れて上下を返しながら、きつね色になるまで7〜8分揚げ焼きにする。

手羽元だから
ボリューム満点！

フライドチキン

`2人分`

1. ポリ袋に**酒・しょうゆ各大2**、**にんにくチューブ・しょうがチューブ各小2**を入れて混ぜる。**手羽元8本**を加えて袋の上からよくもみ込み、冷蔵室に入れ、30分〜1時間おく。

2. **小麦粉・片栗粉各大2**を混ぜ、手羽元にしっかりまぶす。

3. フライパンに**サラダ油適量**を1cm深さに入れる。180℃に熱して手羽元を入れ、約5分揚げ焼きにする。底面がカリッとしたら裏返し、3〜4分揚げ焼きにする。

めんつゆと
粒マスタードが
好相性！

手羽先と野菜のグリル

`2人分`

1. **とり手羽先6本**はフォークで皮目全体を刺し、ポリ袋に入れる。**めんつゆ大3**、**オリーブオイル大1**、**粒マスタード小2**を加えてしっかりもみ込み、冷蔵室で30分以上(できれば2〜3時間)おく。

2. **好みの野菜(ズッキーニ、ミニトマト、エリンギ、ヤングコーンなど)適量**は食べやすく切る。

3. オーブンを200℃に予熱する。天板にアルミホイルを敷き、①、②を重ならないように並べる。①の漬け汁を全体にかけ、200℃のオーブンで20〜25分焼く。

065

骨付き肉は
じっくり煮ると
だしが出て美味！

ほろほろとり汁

1〜2人分

(1) **骨付きとりもも肉（またはとり手羽元）400g**は骨に沿って切り目を入れ、肉の分厚い部分があれば切り込みを入れる。**長ねぎ1本**は5cm幅の斜め切りにする。

(2) 鍋に①、**にんにくチューブ・しょうがチューブ各小1、水3カップ、酒1/2カップ、塩小1**を入れて火にかける。煮立ったらアクを除いて弱火にし、ふたを少しずらしてのせ、約30分煮る。

(3) 器に盛り、**長いも100g**をすりおろしてかけ、好みで**一味唐辛子**をふる。

チーズとトマトの
鉄板コンビ

手羽元の
チーズトマト煮

2人分

(1) **とり手羽元4〜5本**はフォークで全体を刺し、**塩適量**をふる。

(2) フライパンに**オリーブオイル適量**を熱し、①の全面を焼き色がつくまで焼く。

(3) **ホールトマト缶1缶（400g）、顆粒コンソメ小2**を加えて混ぜ、弱火にしてトマトをくずしながら約15分煮る。**ピザ用チーズ適量**を加え、ふたをして溶かす。

手羽中の
ピリ辛揚げ

`2人分`

① ボウルに**コチュジャン大1〜2**、ケチャップ大1、顆粒コンソメ小2、にんにくチューブ適量を入れてよく混ぜ、**とり手羽中10本**を加えてもみ込み、**片栗粉適量**をまぶす。

② フライパンに**サラダ油**を1cm深さまで入れて170℃に熱し、①を入れて7〜8分揚げ焼きにする。

しっかり下味が
おいしさのカギ

とりと大根の
スピード煮

`2人分`

しみじみウマイ
やさしい和風味

① **大根300g**は1cm厚さの半月切りにする。

② フライパンに**とり手羽元6本**を皮目を下にして入れ、火にかけて表面をこんがりと焼く。

③ 鍋に①、**水1と1/2カップ**、しょうゆ大1と1/2、和風顆粒だし小1を入れ、ふたをして火にかける。煮立ったら②を加え、ふたを少しずらしてのせ、大根がやわらかくなるまで弱火で約15分煮る。

とり肉

完全レンチンチキン南蛮

2人分

① **とりもも肉1枚 (250g)** は全体にフォークを刺し、耐熱皿に入れる。**塩小1/3**をなじませ、**酒・片栗粉各大1**を入れてよくもみ込む。ラップをかけて8分レンチンする。ラップをぴったりかけ直し、約15分おく。

② 耐熱ボウルに**卵2個**を割り入れ、箸で黄身を半分に割る（破裂防止のため）。ラップをかけ、2分レンチンする。フォークで細かくつぶし、**マヨネーズ大3、酢大1、はちみつ小1、粗びき黒こしょう少々**を加えて混ぜる。

③ ①を器に盛り、②をかける。

とりに火が通っていない場合は追加で20秒ずつレンチンしてください。

タルタルも電子レンジにお任せ！

とりのピリ辛おつまみ

2人分

酸味とコクの最高な組み合わせ

① **とりもも肉大1枚(300g)** は一口大に切る。

② 耐熱ボウルに**酒大2、レモン汁小2、塩小1/4、七味唐辛子適量**を入れて混ぜ、①を加えて混ぜ合わせる。ラップをかけ、6分レンチンする。

③ いったん取り出して混ぜ、**バター適量**をのせ、ふたたびラップをかけて1分レンチンする。そのまま10〜15分おく。

そのまま食べても、温かいご飯に汁ごとのせてもうまいっ！

ぼくのとりごぼう

`2人分`

① **ごぼう1本**はたわしなどで洗い、包丁の背で皮をこそげ、細切りにする。**とりもも肉1枚（250g）**は一口大に切る。合わせてボウルに入れ、**片栗粉適量**をまぶす。

② フライパンに**サラダ油大4**を熱し、とり肉の両面をこんがりと焼き色がつくまで揚げ焼きにして取り出す。続いてごぼうを入れ、全体をこんがりと揚げ焼きにし、取り出す。

③ フライパンの油を拭き、**砂糖大2強、しょうゆ・みりん・酒各大2**を煮立て、とり肉を戻し入れて煮絡める。器に盛ってごぼうをのせ、好みで**七味唐辛子**をふる。

甘辛てり焼きだれがごぼうに絡んでよい！

とりももの香ばし焼き

`2人分`

① **玉ねぎ1個**は1cm厚さの輪切りにし、**にんにく1片**は薄切りにする。**とりもも肉大1枚（300g）**は半分に切り、**塩・こしょう各少々**を両面にふる。

② フライパンに**オリーブオイル大2**を熱し、にんにく、玉ねぎを炒める。とり肉を皮目を下にして入れ、パリパリになるまで焼く。上下を返してふたをし（にんにくはとり肉の上にのせる）、弱火にして約8分蒸し焼きにする。

③ **ポン酢じょうゆ大3**を加え、**クリームチーズ20g**をのせて混ぜながら食べる。

仕上げのクリームチーズが味の決め手！

ご飯が進む
甘辛こってり味

ガーリック
ケチャップチキン

`2人分`

① ケチャップ大2、しょうゆ・みりん各大1、にんにくチューブ小1を混ぜる。

② **とりもも肉大1枚（300g）**は一口大に切り、**片栗粉大1**をまぶす。

③ フライパンに**オリーブオイル大1**を熱し、②を皮目を下にして入れ、両面を焼き色がつくまで焼く。①を回し入れ、全体に絡める。器に盛り、好みで**ドライパセリ**をふる。

すりごまのコク
たっぷり！

とりももの
ピリ辛ごま焼き

`2人分`

① **とりもも肉大1枚（300g）**は一口大に切り、**塩・こしょう各少々**を全体にふる。

② **白すりごま大2、しょうゆ・酒・みりん各大1、豆板醤小2、砂糖大1/2、にんにくチューブ・しょうがチューブ各小1**を混ぜる。

③ フライパンに**ごま油大1**を熱し、①を皮目を下にして入れ、途中で上下を返してこんがりと焼く。②を加え、絡めて焼く。

とりとなすの
間違いない
組み合わせ

とろっとろ
甘みそとりなす

`2人分`

① **とりもも肉大1枚（300g）**は一口大に切る。**なす3個**は縦半分に切り、皮目に格子状の切り目を入れる。

② **酒大4、砂糖・みそ各大2、和風顆粒だし小1/2**を混ぜる。

③ フライパンに**ごま油適量**を熱し、とり肉、なすを皮目を下にして入れ、焼き色がつくまで焼く。上下を返し、②を加えて煮立て、ふたをして弱めの中火で約6分蒸し焼きにする。

蒸し焼きに
するから中は
ジューシー！

最小限の油で
サクサクから揚げ

`2人分`

① **とりもも肉（とりむね肉でも）大1枚（300g）**は一口大に切る。ポリ袋に入れ、**しょうゆ大1と1/2、酒大1、にんにくチューブ・しょうがチューブ各小1、こしょう少々**を加えて袋の上からもみ込み、冷蔵室で30分以上おく。

② ①に**片栗粉**を薄くまぶす。

③ フライパンに**オリーブオイル大2**を熱し、②を皮目を下にして並べ入れる。ふたをして弱火にし、約10分蒸し焼きにする。ふたをはずし、上下を返して中火にし、こんがりするまで焼く。

チーズを
絡めながら
食べて

モッツァレラ
タッカルビ

`2人分`

① **モッツァレラチーズ100g**は1cm幅に切る。**とりもも肉1枚 (250g)** は一口大に切る。

② ボウルに**コチュジャン・酒・みりん・しょうゆ各大1、砂糖小2**を入れて混ぜ、とり肉を加えてよくもみ込む、ラップをかけ、冷蔵室で約30分おく。

③ 小さめのフライパンに**オリーブオイル大1**を熱し、とり肉を並べ入れて焼く。火を止めて肉を中央に寄せ、まわりにチーズを並べる。弱火にかけ、チーズが溶けるまで加熱する。

まろやかな
酸味が
心地よい

シンプル
とりぽんソテー

`2人分`

① **とりもも肉1枚 (250g)** は切り目を入れ、厚みが均一になるように開く。両面に**塩・こしょう各少々**をふり、**小麦粉**を薄くまぶす。

② フライパンに**サラダ油大1**を広げ、①を皮目を下にして入れる。火にかけ、しっかり焼き色がつくまで焼く。上下を返し、火が通るまで弱火で約5分焼く。

③ **酒・ポン酢じょうゆ各大1、砂糖小2**を加え、絡める。食べやすく切って器に盛る。

具だくさん
とりみそ汁

2人分

① **油揚げ1枚**は縦半分に切り、横1cm幅に切る。**とりもも肉小1枚（200g）**は小さめの一口大に切る。

② 鍋にとり肉を皮目を下にして入れ、しっかり焼き色がつくまで焼く。

③ 油揚げ、**水2カップ**、**和風顆粒だし小1**を加え、煮立ったら弱火にし、ふたをして約3分煮る。**みそ大2**を溶き入れて火を止める。器に盛り、**青のり適量**をふる。

おかず要らずの
大ボリューム！

シンプルとりスープ

2人分

① 鍋に**とりもも肉1枚（250g）**、**長ねぎの青い部分1本分**、薄切りにした**しょうが1/2かけ**、**塩小1**、**水2と1/2カップ**を入れ、ふたをして火にかける。煮立ったらアクをとり、1〜2分煮て火を止める。そのまま約30分おく。

② 肉を食べやすく切り、好みでふたたび火にかけてスープを温め、長ねぎとしょうがを除いて器に盛る。

とりのだしが
染み出た滋味
深い一杯

ひき肉だけでも
コクがあって◎

レンチン
ドライカレー

`1人分`

①耐熱ボウルに**豚ひき肉100ｇ**、**カレールウ15ｇ**、**ウスターソース大1/2**、**ケチャップ・しょうがチューブ・にんにくチューブ各小1**、**水70㎖**を入れて混ぜ、ラップをかけて3分レンチンする。いったん取り出してひき肉をほぐすように混ぜ、ふたたびラップをかけて3分レンチンする。

②全体を軽く混ぜ、器に盛った**温かいご飯**にかける。好みで**粉チーズ**をふる。

万能すぎる
うま辛味

ご飯のお供！
坦々そぼろ

`作りやすい分量`

①フライパンに**ごま油大2**を熱し、**にんにくのみじん切り・しょうがのみじん切り各大1**を香りが立つまで炒める。

②**豆板醤大1**を加えて炒め、**豚ひき肉200g**を加えて肉の色が変わるまで炒める。

③**マヨネーズ大3**、**砕いたピーナッツ・酒各大2**、**しょうゆ・みそ各大1**を加え、さっと煮立てて火を止める。

温かいご飯にかけたり、サラダにのせても。うどん、パスタにももちろん合います！

枝豆
コーンつくね

具だくさんで
見た目も
かわいい！

2人分

① ボウルに**とりひき肉100g**、**ホールコーン缶120g（缶汁をきる）**、**冷凍枝豆（さやを除いたもの）60g**を入れ、**水大2、白いりごま・片栗粉・酒各大1、塩小1/2**を加え、粘りが出るまで手でよく混ぜる。6等分して小判形にする。

② フライパンに**サラダ油大1**を熱し、①を入れる。ふたをして弱火で約3分蒸し焼きにする。上下を返し、さらに約4分蒸し焼きにする。

ひき肉チーズエッグ

チーズと卵の
ダブルとろ〜り
たまらんっ！

1人分

① **玉ねぎ1/2個**はみじん切りにする。

② フライパンに**オリーブオイル大1**を熱し、玉ねぎを透き通るまで炒める。**合いびき肉150g**を加え、肉の色が変わるまでさらに炒める。

③ **ケチャップ大2**を加えて混ぜ、**塩小1/3**を加え、ひと煮立ちさせる。**卵2個**を割り入れて**ピザ用チーズ50g**を散らし、ふたをして卵が好みのかたさになるまで火を通す。好みで**ドライパセリ**をふる。

味つけは
がらスープと
オイスターソース
だけ

しいたけ肉団子
春雨スープ

2人分

1. **しいたけ1枚**は軸ごとみじん切りにする。

2. ボウルに**とりひき肉150g**、①、**片栗粉大1**、**オイスターソース小1**を入れ、粘りが出るまで手で混ぜる。

3. 鍋に**水2カップ**、**とりがらスープの素小2**を入れて煮立て、②を一口大に丸めて加え、火が通るまで煮る。**緑豆春雨20g**を加え、4〜5分煮る。

肉詰めも
レンジに
任せろ！

しょうがポン酢肉詰め

5個分

1. **しいたけ5枚**は軸を切り分け、軸は粗く刻む。**にら3本**は7mm幅に切る。

2. **豚ひき肉100g**をボウルに入れ、しいたけの軸、にら、**片栗粉大1**、**酒・しょうゆ各小1**、**しょうがチューブ小1**、**塩ひとつまみ**を加えてよく混ぜる。

3. しいたけの内側に**片栗粉適量**をふり、②を5等分して詰める。耐熱皿に肉を上にして並べ、ラップをかけて6分レンチンする。好みで**ポン酢じょうゆ**をかける。

面倒な成形も
大量の油も
必要なし！

揚げない
スコップコロッケ

`2〜3人分`

① フライパンに**パン粉30g**、**マヨネーズ大4**を入れて弱めの中火にかけ、きつね色になるまで炒めて取り出す。

② **じゃがいも3個 (450〜500g)** は一口大に切って水にさらし、耐熱ボウルに入れる。ラップをかけて4分レンチンし、いったん取り出して混ぜ、ふたたびラップをかけて4分レンチンし、つぶす。

③ フライパンに**サラダ油小1**を熱し、**合いびき肉120g**を入れて約4分炒める。**塩小1/2**、②を加えて混ぜ、火を止めて器に盛り、平らにする。①を広げてのせ、好みで**ソース**をかける。

とろろ昆布で
味つけは
最低限でOK

とろろ昆布塩つくね

`5個分`

① 厚めのポリ袋に**とりひき肉200g**、**とりがらスープの素小1**、**塩ふたつまみ**を入れて袋の上からよくもみ込む。**卵1個**を割り入れ、**しょうがチューブ小1**、**パン粉30g**を加えてさらによくもみ込む。5等分して小判形に丸め、**とろろ昆布15g**を等分に巻きつける。

② フライパンに**ごま油小1**を弱めの中火で熱し、①を並べ入れる。ふたをして両面を約4分ずつ蒸し焼きにする。

レタスを加えたら
さっと炒める
のがコツ

ピリシャキ
豚レタス炒め

2人分

① フライパンにごま油大1を熱し、**豚ひき肉150g**を入れてほぐしながら炒める。火が通ったら**キムチ100g**、**しょうゆ・みりん・酒各大1**を加えて炒める。

② 全体になじんだら**レタス150g**を手で一口大にちぎりながら加え、強めの中火にしてさっと炒め合わせる。

しょうゆを
ちょっぴり
たらしても
ウマッ！

ひき肉お揚げロール

2人分

① **油揚げ2枚**は長い辺から包丁を入れて大きな一枚になるように開く。

② ボウルに**豚ひき肉200g**、**片栗粉・しょうゆ・みりん各大1**、**塩少々**を入れて混ぜる。①に広げてのせ、しっかりと巻く。

③ フライパンにごま油小1を熱し、②の巻き終わりを下にして入れる。ときどき転がしながら全体に焼き色がつくまで焼く。火を止めて**水大3**を回し入れ、ふたをして弱めの中火で6〜7分蒸し焼きにする。粗熱がとれたら食べやすく切る。

おさいふにも優しい

PART 3

豆腐・厚揚げで

豆腐や厚揚げは、ぼくも大好きで定番のスタメン食材。食べ応えがあって、価格が安定しているのも魅力です。メインはもちろん、「あと1品！」ってときにもうれしい36品です。

ぼくのマーボーといったらコレ！

白ッ！麻婆豆腐

2人分

① **長ねぎ1/2本**はみじん切り、**絹ごし豆腐300g**は一口大に切る。

② 鍋に**ごま油大1**を熱し、ねぎ、**しょうがチューブ小1**を香りが立つまで炒める。**豚ひき肉100g**を加えて色が変わるまで炒め、**酒大1**、**塩ふたつまみ**を加えて混ぜる。

③ **牛乳1と1/2カップ**、**とりがらスープの素小1**、豆腐を加えて混ぜ、約5分煮る。味をみて足りなければ**塩**でととのえる。**水溶き片栗粉（片栗粉大1、水大2）**を加えてとろみをつけ、好みで**ラー油**をかける。

うまみが詰まった缶汁も活用！

うまから！さば豆腐

1人分

鍋に**さばの水煮缶1缶**を缶汁ごと、**水3/4カップ**、**コチュジャン大1/2**、**とりがらスープの素小1/2**、**一味唐辛子適量**を入れて混ぜる。火にかけて煮立ったら**絹ごし豆腐150g**をスプーンですくいながら入れ、**卵1個**を割り入れる。ふたをして弱火で約3分煮る。

一味唐辛子の量は好みで多めにしてもおいしいヨ。

関西の味！
うまみたっぷりの
汁も飲みほす！

うますぎ
肉吸い吸いッ！

2人分

① 鍋に湯を沸かし、**牛薄切り肉150ｇ**を色が変わるまでゆで、ざるに上げる。

② 鍋に**水２と1/2カップ、白だし大3、酒大2、みりん大1**を煮立て、**絹ごし豆腐150ｇ**をスプーンで大きくすくって入れる。①を加え、弱火で約10分煮る。器に盛り、好みで**万能ねぎの小口切り**を散らし、**七味唐辛子**をふる。

かにかまが
いい仕事
してます！

天津豆腐

2人分

① 耐熱ボウルに**絹ごし豆腐150ｇ**をスプーンで大きくすくって入れ、**しょうゆ小1**を加える。ラップをかけて3分レンチンし、汁けをきって器に盛る。

② ボウルに**卵2個、砂糖小1/2、塩少々**を入れ、**かにかま3本**をほぐして加え、混ぜ合わせる。

③ フライパンに**ごま油適量**を弱めの中火で熱し、②を流し入れて広げ、固まってきたら軽く混ぜ、①にかける。

④ 鍋に**水180㎖、めんつゆ大2、しょうがチューブ小1**を混ぜて煮立てる。**水溶き片栗粉（片栗粉・水各大1/2）**を加えて約1分煮て火を止め、③にかける。

豆腐

あったかチーズ豆腐

1人分

① **絹ごし豆腐150g**（充塡タイプがおすすめ）はペーパータオルで包み、軽く水けをきる。

② 耐熱ボウルに①を入れ、**ピザ用チーズ30g**を散らす。ラップをかけて3分レンチンし、器に盛り、好みで**塩**をふり、**ラー油**をかける。

スープ感覚で
さらさら
食べられる！

超簡単！チー豆腐

作りやすい分量

① **絹ごし豆腐150g**はペーパータオルで包んで軽く水けをふく。

② 耐熱の器に①を入れ、**ピザ用チーズ50g**をのせる。ラップをかけて2分レンチンする。好みで**オリーブオイル**、**タバスコ**をかける。

腹が減ったら
3分で完成！

えび蒸し豆腐

`2人分`

① **むきえび70g**は背ワタを除いて粗く刻む。

② ボウルに①、**絹ごし豆腐300g**、**片栗粉大1/2**、**とりがらスープの素小1/2**を入れ、泡立て器でなめらかになるまで混ぜる。耐熱皿に入れ、ラップをかけて5分レンチンする。耐熱皿の向きを180°変え、さらに2分レンチンし、**オイスターソース適量**をかける。

> オイスターソースとえびの風味が合うっっ!!

シンプルisベス豆腐スープ

`1人分`

> 朝ごはんとか夜食にもいいねっ!

① 鍋に**水2カップ**、**とりがらスープの素・しょうゆ各小1**、**塩ひとつまみ**を入れて混ぜる。**長ねぎ5cm**をキッチンばさみで小口切りにしながら加え、火にかける。ひと煮立ちしたら**絹ごし豆腐150g**をスプーンで一口大にすくって加える。

② 豆腐が温まったら**ごま油適量**を回しかけて器に盛り、好みで**白いりごま**をふり、**韓国のり**をちぎってのせる。

豆腐

薄く切ると味がしっかり絡んで好き

豆腐ステーキ

作りやすい分量

① **木綿豆腐200ｇ**はペーパータオルで包んで耐熱皿にのせ、2分30秒レンチンする。粗熱がとれたら1cm幅に切って、**片栗粉大1**をまぶす。

② フライパンに**サラダ油大2**を熱し、①を入れて、両面を焼き色がつくまで焼く。

③ いったん火を止めて豆腐を端に寄せ、ペーパータオルで油をふき取る。空いたところに**しょうゆ・はちみつ・酒各大1**、**コチュジャン小1**を入れて混ぜ、豆腐に絡める。

麺を入れてももちろんウマいよ！

長崎ちゃんぽん風豆腐スープ

2人分

① **かまぼこ80ｇ**は食べやすく切る。

② 鍋に**水1カップ**、**絹ごし豆腐300ｇ**、かまぼこ、**とりがらスープの素・オイスターソース各大1**を入れて火にかける。煮立ったら弱火にして**無調整豆乳1と1/2カップ**を加え、煮立てない程度に温める。器に盛り、好みで**ラー油**をかける。

豆腐は大きいまま入れ、煮ている途中で好みの大きさに箸で割ればOK。

たこ焼きより
ふわっトロっで
クセになる！

豆腐とたこの
うまい焼き

作りやすい分量

① **木綿豆腐200g**はペーパータオルで包んで耐熱皿にのせ、ラップをかけずに2分30秒レンチンする。粗熱をとって粗く崩す。**ゆでだこの足50g**は粗みじん切りにする。

② ボウルに①と**片栗粉大2**、**白だし大1**を混ぜる。

③ フライパンに**サラダ油大1**を熱し、②をスプーンで1/8量ずつすくって並べる。両面を焼き色がつくまで約6分焼く。

豆腐のジョン

2人分

① **木綿豆腐300g**は横半分に切り、縦1cm幅に切る。水けをふき、**小麦粉**を薄くまぶす。**にら1/3束**は5mm幅に切る。

② ボウルに**卵2個**を割りほぐし、にらを加えて混ぜる。

③ フライパンに**ごま油大1**を熱し、豆腐に②をからめて並べる。両面に焼き色がつくまで焼いて器に盛り、**酢・しょうゆ各大2**、**一味唐辛子少々**を混ぜたたれを添える。

卵液が残ったら
上に回しかけて
焼いてみて

豆腐

ふわふわ塩だれ豆腐

2人分

① 厚めのポリ袋に**絹ごし豆腐300ｇ**、**片栗粉大3**、**とりがらスープの素小1**を入れ、袋の上からもんで混ぜる。

② ボウルに**水1/2カップ**、**片栗粉・とりがらスープの素各小1/2**、**塩ふたつまみ**を混ぜる。

③ フライパンに**サラダ油大1**を塗り、①の袋の端を切って大さじ2～3ずつを5～6個絞り出す（半量を絞り出す）。火にかけ、底面に焼き色がついたら半分に折りたたむ。取り出し、残りも同様に焼く。取り出した半量を戻し入れて弱火にし、②を回し入れる。とろみがつくまで絡め、器に盛って好みで**青のり**をふる。

やわらかい
生地だから
そっとたたんで

やや大きめに
切るとうまい！

お手軽
揚げ出し豆腐

2人分

① **絹ごし豆腐300ｇ**は縦6等分に切り、ペーパータオルで包んで約30分おき、表面の水けをしっかりとふく。

② 耐熱ボウルに**みりん大2**、**白だし大1**、**しょうゆ大1/2**、**水3/4カップ**を入れて混ぜ、ラップをかけずに1分40秒レンチンする。

③ ①に**片栗粉大3**をまぶす。フライパンに**サラダ油大4～5**を熱し、豆腐をそっと入れ、ときどき上下を返しながら揚げ焼きにし、熱いうちに②に入れる。

麻婆厚揚げ

2人分

① 耐熱の器に**水1/2カップ**、**酒大2**、**とりがらスープの素・砂糖・しょうゆ・コチュジャン各小2**、**にんにくチューブ・豆板醤各小1**を混ぜる。**とりひき肉60g**を加えてよく混ぜ、**絹厚揚げ300g**を手で一口大にちぎって加える。ラップをかけて5分レンチンする。

② 熱いうちに**水溶き片栗粉（片栗粉小1、水小2）**を回し入れて混ぜ、ラップをかけずに1分30秒レンチンする。取り出して全体を混ぜる。

メインおかずが
レンジ&時短で
できる！

間違いない
明太マヨを
たっぷりと

明太マヨ厚揚げ

2人分

① **絹厚揚げ300g**はぬらしたペーパータオルで包んで耐熱皿にのせ、ラップをかけずに2分レンチンする。厚みを半分に切り、2cm四方に切って器に盛る。

② **辛子明太子1腹**を身をこそいで薄皮を除いてボウルに入れ、**マヨネーズ大3**、**めんつゆ小2**、**ドライパセリ適量**を加えて混ぜ、①にかける。

肉に負けない
ボリュームで
大満足！

絹厚揚げの
もっちり焼き

2人分

① ポリ袋に**にんにくチューブ・しょうがチューブ各小1**、**めんつゆ大1**を入れて混ぜる。**絹厚揚げ300ｇ**を食べやすい大きさにちぎって加え、全体になじませる。**片栗粉大3**、**粉チーズ大1**を加えて全体にまぶす。

② フライパンに**サラダ油大4**を熱し、①を全体がカリッとするまで転がしながら揚げ焼きにする。器に盛り、好みで**粉チーズ**をふる。

こんがり焼いた
なすと厚揚げに
おろしが絡む！

厚揚げとなすの
みぞれ煮

2人分

① **なす3個**、**厚揚げ小1枚（約180ｇ）**は食べやすい大きさに切り、**片栗粉大2**をまぶす。**大根1/3本**はすりおろす。

② フライパンに**ごま油大1と1/2**を熱し、なすと厚揚げを入れて上下を返しながら、全体に焼き色がつくまで焼く。

③ 弱火にし、**水3/4カップ**、**めんつゆ40㎖**、大根おろし、**しょうがチューブ適量**を加えて煮絡める。器に盛り、好みで**一味唐辛子**をふる。

豚と厚揚げの
コクうま炒め

`2人分`

① **絹厚揚げ150g**は2〜3mm幅、**豚バラ薄切り肉200g**は3cm幅に切る。

② フライパンに**ごま油小1**を熱し、①を炒める。肉に火が通ったら**にんにくチューブ小1**、**酒・オイスターソース・コチュジャン各大1**を加えて炒め合わせる。

> 厚揚げをプラス
> すると
> カサ増しに！

マヨポン厚揚げ

`2人分`

> 油のかわりに
> マヨを使い
> コクのある味に

① **絹厚揚げ150g**は7〜8mm幅に切る。

② フライパンを熱して**マヨネーズ大1と1/2**を入れ、マヨネーズが溶けてきたら①をなるべく重ならないように入れる。マヨネーズが完全に溶け、厚揚げに焼き色がついたら器に盛り、**ポン酢じょうゆ大2**、**白いりごま適量**を加えて絡める。

やさしいとろみ
と味わいに
ホッとする

とろとろえのき厚揚げ

2人分

① **えのき小1袋**は長さを半分に切り、ほぐす。**絹厚揚げ300ｇ**は1cm幅に切る。

② フライパンに**サラダ油大1/2**を熱し、①を入れ、厚揚げの両面に焼き色がつくまで約5分焼く。

③ **水3/4カップ、しょうゆ・みりん・酒各大1、和風顆粒だし小1/2**を加える。ひと煮立ちしたら**水溶き片栗粉（片栗粉小1、水小2）**を加え、とろみがつくまで混ぜながら煮る。

冷めるまで
おくと
味がさらに
染みる

厚揚げとしらたきの
しみしみ煮

2人分

① **絹厚揚げ150ｇ**は8等分に切る。

② フライパンに水けをきった**結びしらたき10個**を入れ、火にかける。チリチリと音がして、水分がなくなるまで加熱する。①と**ごま油大2**を加え、全体に焼き色がつくまで炒める。

③ **めんつゆ・酒各大2、砂糖大1**を加え、汁けが少なくなるまで煮絡める。器に盛り、好みで**七味唐辛子**をふる。

スタミナ豆腐

1人分

① **絹ごし豆腐150g**は1cm幅に切る。**にら3本**は3cm長さに切る。**卵1個**は卵黄と卵白に分ける。**A**（**焼き肉のたれ大1、にんにくチューブ・白いりごま・豆板醤各小1/2**）を混ぜる。

② 耐熱ボウルに①の豆腐、にら、卵白を入れ、ラップをかけて3分レンチンする。

③ **A**を加えて混ぜ、器に盛って卵黄をのせる。

> 黄身をくずして
> 絡めながら食べて

超ズボラ豆腐丼

1人分

絹ごし豆腐100g、**いかの塩辛30g**、**削りがつお小1袋**を混ぜる。器に**温かいご飯適量**を盛ってのせ、好みで**ラー油**をかける。

> いかの塩辛で
> うまみ
> バクハツ！

キムチィ〜な豆腐汁

> 豆腐×豆乳に
> ピリ辛キムチ
> がよく合う

1人分

① 鍋に**絹ごし豆腐150g**、**キムチ70g**、**めんつゆ小1と1/2**、**豆乳1カップ**を入れ、箸で豆腐をざっくり崩しながら混ぜる。

② 弱火にかけ、沸騰する直前まで温めて火を止める。器に盛り、好みで**万能ねぎの小口切り**をのせる。

> 豆乳は無調整でも調整でもお好みで。調整豆乳だとほんのり甘さが加わり、大豆独特の風味が苦手な人にもおすすめ。また、加熱しすぎると分離して舌触りが悪くなるので弱火で煮立てない程度に温めて。

とろとろアボカド豆腐

1～2人分

① **絹ごし豆腐150g**はペーパータオルで包み、約10分おいて水けをきる。

② **アボカド1個**は縦半分に切り、スプーンですくい取ってボウルに入れる。**レモン汁大1**を絡め、①、**マヨネーズ大3**、**ゆずこしょう小1/3**、**塩ふたつまみ**を加えて混ぜる。

ゆずこしょうの
ツン辛がカギ！

たまたま卵巾着

2人分

① **油揚げ2枚**は半分に切って袋状に開く。**卵4個**を1個ずつ油揚げに割り入れ、楊枝で口を留める。

② 鍋に**水1と1/2カップ**、**白だし大2と1/2**、**しょうゆ小1**、**塩少々**を入れて煮立て、①を加えて弱火にして約3分煮る。上下を返し、さらに約3分煮て火を止める。そのまま約10分おき、余熱で火を通す。楊枝をはずして器に盛り、好みで**青のり**をふり、**練り辛子**を添える。

油揚げから
卵が溶け出て
美味！

豆腐アーモンドそぼろ

2人分

① **木綿豆腐200g**はペーパータオルで包んで耐熱皿にのせ、ラップをかけずに4分レンチンする。**アーモンド（無塩）60g**は粗みじん切りにする。

② フライパンに**オリーブオイル大1**を熱し、豆腐を入れてへらで崩しながら炒める。

③ アーモンドを加えて炒め合わせ、水けが少なくなったら**みりん・しょうゆ各大1**を加える。汁けがほとんどなくなるまで、さらに炒める。

アツアツご飯
にかけると
おいしいヨ！

水溶き小麦粉は回し入れる前にしっかり溶いて。

甘めの味が好みなら調整豆乳がオススメ

みそ豆乳クリーム厚揚げ

`2人分`

① **長ねぎ1本**は1cm幅の斜め切りにする。**厚揚げ1枚（約250g）**は厚みを半分に切り、食べやすい大きさに切る。

② フライパンに**サラダ油大1**を熱し、ねぎをこんがりと焼く。弱火にし、厚揚げ、**豆乳（調整、無調整どちらでも）2カップ**を加え、煮立てないように温める。

③ **顆粒コンソメ・みそ各小2**を加えて溶き混ぜ、**水溶き小麦粉（小麦粉大1と1/2、水大3）**を回し入れ、とろみがつくまで混ぜながら煮る。**ピザ用チーズ適量**を加え、ふたをしてチーズが溶けるまで煮る。好みで**青のり**をふる。

青のりの代わりに粉チーズでもおいしい

のり塩豆腐

`2人分`

① **木綿豆腐200g**はペーパータオルで包んで耐熱皿にのせ、ラップをかけずに3分レンチンする。水けをしっかりきり、1cm四方の棒状に切る。**片栗粉**を薄くまぶす。

② フライパンに**サラダ油大2**を熱し、①の全面をしっかり焼き色がつくまで焼く。

③ 火を止め、**塩・青のり・粗びき黒こしょう各適量**をまぶす。

ねぎ塩どっさり豆腐

`1人分`

① **絹ごし豆腐150g**はペーパータオル2枚で包んで耐熱皿にのせ、ラップをかけずに3分レンチンする。水けをしっかりきり、大きめの一口大に崩して器に盛る。

② **長ねぎ1/2本**を小口切りにして水にさらし、①にのせる。**ごま油大1、とりがらスープの素少々、塩ふたつまみ、砂糖ひとつまみ**をかける。

ねぎだくがたまらんのよね〜

温かいご飯にのせて食べてもおいしいヨ！

とろっとろ卵かけ豆腐

1人分

① **絹ごし豆腐150g**は耐熱皿にのせ、ラップをかけずに2分レンチンし、水けをしっかりきる。**卵2個**は溶きほぐす。

② フライパンに**水3/4カップ**、**片栗粉・酒・みりん・しょうゆ各大1**を入れ、粉けがなくなるまで混ぜる。弱めの中火にかけ、混ぜながらとろみがつくまで煮る。

③ 溶き卵を回し入れ、箸で大きく混ぜ、卵が好みの状態になったら豆腐にかける。好みで**削りがつお**をのせ、**七味唐辛子**をふる。

豆腐を崩し
ながら食べて

あんかけ豆腐

手軽に作れる
茶碗蒸し風

1人分

① **絹ごし豆腐150g**は水けを拭いてボウルに入れ、**卵2個**、**めんつゆ小1**を加えて泡立て器で豆腐を崩しながら混ぜる。耐熱の器に入れ、ラップをかけて3分レンチンする（汁けが残っていたら追加でレンチンする）。**しいたけ2個**は軸を除いて薄切りにする。

② 耐熱ボウルに**めんつゆ大1/2**、**水1/2カップ**を入れ、**かにかま3本**をほぐして加える。しいたけを加え、**片栗粉小1**を加えて混ぜ、ラップをかけて2分レンチンする。いったん取り出して全体を混ぜ、ふたたびラップをかけて2分レンチンする。①にかける。

しらすあん豆腐

ご飯にかけて
丼にしても◎

2人分

① **絹ごし豆腐150g**は水けをきって耐熱の器に入れ、3cm長さに切った**小松菜1/4わ**をのせる。ラップをかけて4分レンチンし、水けをきる。

② 鍋に**水3/4カップ**、**みりん大1**、**和風顆粒だし小1と1/2**を入れて煮立たせ、**しらす干し20g**を加える。ふたたび煮立ったら**水溶き片栗粉（片栗粉・水各小2）**を加えて混ぜ、とろみがつくまで煮る。**塩**で味をととのえて①にかけ、好みで**一味唐辛子**をふる。

高野豆腐の
ソース焼き

`2人分`

① **高野豆腐4枚**は水でもどして軽く絞る。

② フライパンに**オリーブオイル大1**を熱して①を並べる。両面に焼き色がつくまで焼き、**ウスターソース大1**、**しょうゆ・みりん各大1/2**を加えて絡める。**ピザ用チーズ50ｇ**をのせ、ふたをしてチーズが溶けるまで蒸し焼きにする。

とろ〜りチーズ
が高野豆腐
とマッチ！

やわらかミートボール

`2人分`

豆腐が入ると
冷めても
やわらかい！

① **絹ごし豆腐200ｇ**は耐熱皿に入れ、ラップをかけずに２分レンチンする。

② **豚ひき肉300ｇ**をボウルに入れ、**塩ふたつまみ**、**こしょう少々**を加えてよく混ぜる。①、**卵1個**、**酒小1**を加えてさらに混ぜ、一口大に丸める。

③ フライパンに**サラダ油大1**を熱して②を入れ、転がしながら約４分焼く。ふたをして約４分蒸し焼きにし、いったん取り出す。

④ 油をふき取り、**ケチャップ・はちみつ・酢・水各大2**、**中濃ソース大1**、**片栗粉小1**を入れてよく混ぜ、火にかける。とろみがついたら③を戻し入れて絡める。

一気にパンチの
ある味に！

にんにくチューブ

キムチ

漬けものの
うまみは
調味料になる！

しょうがチューブ

COLUMN 2

満足度UPの
うまみ食材

豆板醤

最小限レシピに欠かせないのが、味に奥行きを与えるうまみ食材！しょうが、にんにく（チューブでOK！）、チーズはおなじみですよね。ここで特におすすめしたいのが、キムチや高菜漬などの「漬けもの」。うまみが凝縮して塩けもあるので調味料感覚で使え、料理の腕が上がった気分になります！

高菜漬け

◀ ぼくが
愛用している
高菜漬けはコレ！

辛みは食べすぎ
防止にも

ピザ用チーズ

スライスチーズ

コクが出て
リッチな味わいに

コチュジャン

とろけるスライス チーズ

たまには食べたい！
魚介・缶詰・練りもので

PART **4**

使いやすい切り身を使った料理のほか、缶詰を使った料理も。
ぼくのSNSアカウントで話題の「のりふみ（ちくわ）」レシピも必見です！

鮭のヨーグルト みそ漬け

作りやすい分量

① プレーンヨーグルト・塩麹各大3、みそ30ｇ、酒・みりん各大1を混ぜる。

② 生鮭(または好みの魚の切り身)3切れを①に漬け、冷蔵室で3時間～半日おく。

③ ②のみそヨーグルトをかるくぬぐって魚焼きグリル(またはフライパン)でこんがりと焼く。

発酵パワーで
身がふっくら
焼き上がる

漬けだれが多めなので、魚の量を増やしても。一緒に野菜(なすがおすすめ)を漬けて焼いてもおいしいヨ！

刺し身のにらだれ漬け

2人分

① にら1/3束は1㎝長さ切る。好みの刺し身(サーモン、たい、たこ、いかなど)200ｇは食べやすい大きさに切る。

② 保存容器ににら、めんつゆ1/2カップ、砂糖・白すりごま・ごま油各大1、しょうがチューブ小1、好みでラー油を入れて混ぜ、刺し身を加え、ふたをして冷蔵室で30分以上おく。

どんな刺し身も
受け止める
万能だれ

たらのうま煮

2人分

① **生だら2切れ**は水けを拭く。

② 鍋に**水1/4カップ**、**しょうゆ大2**、**砂糖・酒・みりん各大1**を煮立て、①を入れる。オーブンシート（またはアルミホイル）で落としぶたをし、弱めの中火で火が通って汁けが少なくなるまで約8分煮る。

> 白飯が進みすぎる禁断のおいしさ！

サーモンの濃厚チーズソースがけ

2人分

> チーズソースは肉にかけてもおいしいヨ！

> サーモンは中は半生でOK。しっかり焼きが好みなら中に火が通るまで焼いても。

① 耐熱容器に**クリームチーズ50g**を入れ、ラップをかけて1分レンチンしてやわらかくする。**プレーンヨーグルト20g**、**レモン汁大1**、**はちみつ小1**を加えて混ぜる。

② **サーモン（刺し身用）200g**は塩・こしょう各少々を両面にふり、**小麦粉大1**をまぶす。

③ フライパンに**バター10g**を熱し、②の両面を焼き色がつくまで焼く。器に盛り、①をかける。あれば**レモンの輪切り**を添え、**ドライハーブ**をかける。

渋いでしょ!?
おろしはもっと
足しても◎

おろしポン酢たこ

〔2人分〕

① **大根200g**はすりおろし、汁けをかるく絞る。絞り汁もとっておく。

② **蒸しだこの足200g**は食べやすく切ってボウルに入れ、**ポン酢じょうゆ・みりん各大2**、**しょうがチューブ・にんにくチューブ各小1**、①の絞り汁を加えて混ぜ、冷蔵室で30分以上おく。汁けをきり、**片栗粉大2**をまぶす。

③ フライパンに**好みの油大2**を熱し、②を焼き色がつくまで焼く。器に盛り、大根おろしをのせ、好みで**一味唐辛子**をふり、**ポン酢じょうゆ**をかける。

モッツァレラを
ぜいたくに！

チーズ好きの
サーモンカルパッちょ！

〔2人分〕

① **モッツァレラチーズ100g**は5mm厚さに切り、**サーモン(刺し身・薄切り)300g**とともに器に盛る。

② **粒マスタード・オリーブオイル・レモン汁各大1**、**塩小1/3**を混ぜて①にかける。好みで**ドライハーブ**をふる。

鮭のレモン
しょうゆ焼き

`2人分`

① **生鮭3切れ**は骨を除き、2〜3等分に切る。**塩・こしょう各少々**を両面にふり、**片栗粉**を薄くまぶす。

② フライパンに**バター20ｇ**を熱し、①の両面を焼き色がつくまで焼く。**しょうゆ大1**を回し入れて絡め、火を止め、**レモン汁小1**を加えてなじませる。

仕上げの
レモン汁で
一気にさわやか

明太パスタ

`1人分`

① **明太子1/2腹（25ｇ）**は切り目を入れて薄皮を除く。

② 16×12×高さ6㎝の耐熱容器に**水1と1/4カップ**を入れ、**スパゲッティ80ｇ**を半分に折って半量ずつクロスさせて加える。ラップをかけずに袋のゆで時間より1分長くレンチンする（途中で一度取り出して全体を混ぜる）。

③ 水けをきり、①、**和風ドレッシング大2**、**刻みのりふたつまみ**を加えて混ぜる。

あえるだけの
超スピード
パスタレシピ

> ドレッシングはごまドレッシングもおすすめデス。

ゴロゴロ
大きめに
切るのが肝

ぶりねぎピリ辛あえ

`2人分`

① **ぶり（刺し身用）150 g** は2cm角に切る。**万能ねぎ20 g** は小口切りにする。

② ボウルに①を入れ、**白いりごま・しょうゆ各小2**、**しょうがチューブ・ごま油・酢・コチュジャン各小1**を加え、混ぜる。

刺し身は好みのもので作ってもOKです。

シーフード
ミックスで
作っても◎

ガーリックシュリンプ

`1～2人分`

① **むきえび150 g** は背ワタを除き、さっと洗って水けを拭く。ボウルに入れ、**にんにくチューブ・酒・オリーブオイル各大1**、**塩・粗びき黒こしょう各少々**を加えて混ぜ、冷蔵室で約30分おく。

② フライパンに①を汁ごと入れ、えびに火が通るまで約4分炒める。器に盛り、好みで**ドライパセリ**や**ドライバジル**をふる。

いかは好みで
刺し身用で
作ってもOK

いかのマヨ焼き

2人分

① **いか1ぱい（下処理済みのもの）** は食べやすく切る（切ってあるものを使っても OK）。耐熱皿に**水大3**、**めんつゆ大2**、**しょうがチューブ大1**を入れて混ぜ、いかを加える。

② **マヨネーズ大3**をかけ、オーブントースターで約10分焼く。好みで**ドライパセリ**をちらす。

あじのカレー風揚げ

作りやすい分量

① **あじ（三枚おろしにしたもの）小5切れ**に**カレー粉少々**、**片栗粉大2**をまぶす。

② フライパンに**オリーブオイル大3**を熱し、①を入れる。ときどき上下を返しながら、カリッとして両面に焼き色がつくまで6〜7分揚げ焼きにする。

あとを引く
スパイシーな香りは
お酒にも合う！

焼きとりチーズうどん

`1人分`

①　耐熱の器に**ピザ用チーズ50g**、**焼きとり缶（たれ味）1缶**をたれごとと、凍ったままの**冷凍うどん1玉**を順に入れる。ラップをかけて3分レンチンし、いったん取り出して全体を混ぜ、ふたたびラップをかけて2分レンチンする。

②　よく混ぜ合わせて器に盛り、好みで**白いりごま**をふり、**焼きのり**をちぎってのせる。

> 焼きとり缶ってうどんにも抜群に合うんデス

> 餃子の皮を洋風メニューに

餃子の皮で照り焼きチキンパイ

`5個分`

①　**餃子の皮5枚**をアルミカップに1枚ずつ敷き詰める。

②　**卵Sサイズ2個**を溶きほぐし、①に等分に流し入れる。**焼きとり缶（たれ味）1缶**、**長ねぎの小口切り5cm分**を等分に加え、**ピザ用チーズ適量**をのせ、オーブントースターで焼き色がつくまで約7分焼く。

さば坦々ラーメン

豆乳ベースの
まろやか味が
たまらない

1人分

① **さば水煮缶1缶**は缶汁ごと鍋に入れ、**水3/4カップ、オイスターソース大1、しょうゆ小1、豆板醤小1/2**を加えて火にかける。さばをほぐしながら混ぜ、煮立ったら**みそ大1**を溶き入れる。

② 再び煮立ったら弱火にし、**無調整豆乳80㎖**を加え、煮立つ直前まで温めて火を止める。

③ 別の鍋に湯を沸かし、**中華麺1玉**を袋の表示どおりにゆでる。湯をきって器に盛り、②をかける。**白すりごま大1**をふり、**ラー油小1**をかける。

さば缶で冷や汁

食欲がない
ときでもコレなら
即完食！

1人分

① **きゅうり1/2本**は薄い小口切りにし、**塩少々**をまぶしてもむ。

② **さば水煮缶1缶**は缶汁ごとボウルに入れ、食べやすい大きさにほぐす。**白すりごま大3、みそ大1**を加えて混ぜ、**冷水1カップ**を加えて溶きのばす。

③ ①を水けを絞って加え、**絹ごし豆腐1/2丁（150ｇ）**を食べやすくちぎって加える。器に盛り、**しょうがチューブ小1**をのせる。

あさりの
うまみがご飯に
染みわたる

あさりリゾット

1人分

① **あさり水煮缶1缶**は缶汁ごとフライパンに入れ、**オリーブオイル・水各大1**、**にんにくチューブ小1**を加えて火にかける。

② 煮立ったら**ご飯130g**を加え、**塩・こしょう各少々**をふり、混ぜながら2～3分煮る。

③ **粉チーズ大3**を加えて混ぜ、とろみがついたら火を止める。器に盛り、好みで**ドライパセリ**をふる。

ごま油の香りと
しょうがの風味が
アクセント♪

さば缶そうめん

1人分

① 鍋に湯を沸かし、**そうめん2束（100g）**を袋の表示時間より約30秒短くゆでる。流水で洗い、ざるにあけて水けをきる。

② 鍋をきれいにして**ごま油大1**を熱し、**さば水煮缶1缶**を缶汁ごと加え、**砂糖・酒・しょうゆ各大1/2**、**しょうがチューブ小1**を加えて混ぜる。

③ 煮立ったら**①**を加え、汁けをとばしながら約2分煮る。器に盛り、好みで**ごま油**をかける。

おつまみは
もちろん子ども
ウケもばっちり

コンビーフきつね焼き

4個分

① **油揚げ2枚**は半分に切り、袋状に開く。**青じそ10枚**は細切りにする。

② ボウルに**コンビーフ80g**を入れてほぐし、**ピザ用チーズ80g**、青じそを加えて混ぜる。

③ ②を4等分して油揚げに詰め、楊枝で口を留める。オーブントースター（またはフライパン）で両面に焼き色がつくまで8～10分焼く。

主材料2つで
こじゃれた
前菜が完成！

オイルサーディンと
きのこのピリ辛

作りやすい分量

① **エリンギ1袋（120g）**は食べやすい長さの薄切りにする。**にんにく1片**は包丁の腹で押しつぶす。

② フライパンに**オイルサーディン1缶（固形量75g）**の缶汁だけを入れ、にんにく、**一味唐辛子小1/3**を加えて弱火にかけ、香りと辛みを油に移す。

③ 中火にしてエリンギを加え、**塩・こしょう各適量**をふり、エリンギがしんなりするまで炒める。オイルサーディンを加え、さっと炒め合わせる。

3分でできる！
超簡単うま丼

卵とろける
コンビーフ丼

1人分

① **卵1個**は卵黄と卵白に分けておく。

② 耐熱ボウルに**コンビーフ80g**を入れ、ラップをかけて50秒レンチンする。①の卵白、**マヨネーズ大1**、**ポン酢じょうゆ小2**を加えてしっかりと混ぜる。

③ **温かいご飯適量**に②をかけ、卵黄をのせる。

さばと梅のほうじ茶漬け

1人分

① 器に温かいご飯適量を盛る。**さば水煮缶1缶**の缶汁をきってのせ、**梅干し1個**をのせる。

② 鍋に**ほうじ茶3/4カップ**、**白だし大1**を入れて火にかける。煮立ったら①にかける。

> 手軽にできる
> のに満足感アリ

> ほうじ茶はペットボトルのものを
> 温めて使ってもOK。

やせうまさば缶

> 青菜は
> お好みのものに
> 代えてもOKよ！

1人分

① 耐熱ボウルに**冷凍ほうれん草100g**を凍ったまま入れ、ラップをかけて3分レンチンし、汁けをきる。

② **さば水煮缶1缶**は缶汁をきって①に加え、**めんつゆ大1/2**を加えて混ぜる。器に盛り、好みで**白いりごま**をふり、**卵黄1個分**をのせる。

さばみそディップ

作りやすい分量

① **さばみそ煮缶1缶**は缶汁をきって身を細かくほぐす。小さめの耐熱皿に入れ、**オリーブオイル大1**、**にんにくチューブ小1**を加え、**牛乳1/2カップ**を注いで混ぜる。オーブントースターで約10分焼く。

② 好みの**生野菜**、**ゆで野菜**につけて食べる。

> オッサレ〜な
> 一皿で
> おもてなしにも

ほうれん草のしらすあえ

2人分

① **ほうれん草1わ**は3cm長さに切る。耐熱ボウルに入れ、ラップをかけて2分レンチンする。いったん取り出してかるく混ぜ、ふたたびラップをかけて1分レンチンする。水にさらし、水けをしっかり絞る。

② **しらす干し50g**、**白だし大1/2**を加え、よく混ぜ合わせる。

白だしの代わりにめんつゆでも

わかめぬた油揚げチップス

1人分

① **油揚げ1枚**は2cm幅に切ってオーブントースターでこんがりするまで焼き、器に盛る。

② **カットわかめ5g**は表示どおりにもどし、水けを絞る。**みそ大1**、**酢大1/2**、**砂糖小1/2**、**練りがらし少々**を加えて混ぜ、①にのせる。

酢みそを合わせたさっぱり味

別名ご飯泥棒日持ちするから多めに作っても

たらこの昆布煮

作りやすい分量

① **切り昆布15g**は水でもどし、水けをきる。**たらこ1腹（100g）**は長さを4等分に切る。

② 鍋に①、**しょうがチューブ小1/2**、**砂糖・みりん各大1と1/2**、**しょうゆ大1**、**水1/2カップ**を入れて火にかける。煮立ったら弱火にし、ふたを少しずらしてのせ、汁けが少なくなるまで約10分煮る。

ちくわの磯辺焼き

2人分

① **スライスチーズ4枚**は細切りにする。**ちくわ6本**は両端を薄く切り落とす。ちくわの穴にスライスチーズを詰め、両端に切ったちくわの端を詰める。

② **水大4、小麦粉大3、青のり大2**を混ぜ、①に絡める。

③ フライパンに**オリーブオイル大1**を熱し、②の全面を焼き色がつくまで焼く。

とろ～り
チーズがちくわ
と好相性

タルタルちくわ
onしいたけソテー

しいたけにマヨ
ちくわが合うっ！

2人分

① **ちくわ3本**は小さめの角切りにし、**マヨネーズ大1、青のり小1/2**を加えて混ぜる。

② **しいたけ10枚**は軸を除き、手で半分に裂く。ポリ袋に入れ、**ポン酢じょうゆ大2、しょうがチューブ・にんにくチューブ各1cm**を加えてからめ、**片栗粉大2**をまぶす。

③ フライパンに**サラダ油大3**を熱し、②をこんがりするまで焼く。器に盛り、①をのせる。

ちくわはやや食感が残るように切ると
タルタル感が出ておいしいです。

ちくわの
パリパリチーズ焼き

おつまみにも
おやつにも
おすすめ♪

4個分

① **ちくわ3本**は縦半分、長さを半分に切る（12個になる）。**春巻きの皮1枚**は4等分に切る。

② フライパンに**サラダ油大1**を広げ、春巻きの皮を並べ、**スライスチーズ4枚**を1枚ずつのせる。ちくわ3切れずつをのせ、焼き色がつくまで両面を焼く。器に盛り、好みで**青のり**をふる。

ちくわの結び焼き

結んだちくわ
の食感をぜひ
堪能して！

作りやすい分量

① **ちくわ5本**は縦8等分に切り、1切れずつくるんと結ぶ。ボウルに入れ、**しょうゆ・マヨネーズ各大1**、**みりん大1/2**、**カレー粉小1/2**を加えてなじませる。**片栗粉**を全体にまぶす。

② フライパンに**サラダ油大3**を熱し、①を入れる。全体に焼き色がつくまで転がしながら揚げ焼きにする。

5分でできる
スピード副菜
がコレだ！

ちくわと
えのきのマヨサラダ

`2人分`

① **えのき1袋**は長さを3等分に切ってほぐし、耐熱ボウルに入れてラップをかけ、2分チンチンする。

② **ちくわ5本**は1cm幅に切り、**万能ねぎ適量**は小口切りにし、①に加える。**マヨネーズ大2**、**めんつゆ大1**、**粗びき黒こしょう・七味唐辛子各適量**を加え、混ぜ合わせる。

ふわふわ食感に
やみつき！

えびふわ玉

`2人分`

① ボウルに**はんぺん200g**を入れて手でつぶす。**片栗粉・マヨネーズ各大1**、**顆粒和風だし（またはとりがらスープの素）小1**、**塩ひとつまみ**、**万能ねぎの小口切り適量**、背ワタを除いた**むきえび小8尾**を加えて混ぜ合わせる。

② ①を、えびが1尾ずつ入るように8等分し、丸める。

③ フライパンに**サラダ油大3**を熱し、②の全面を焼き色がつくまで約8分焼く。

> コロコロの
> ひと口サイズが
> かわいい♪

ちくわ餃子

作りやすい分量

① ボウルに**豚ひき肉150ｇ**、**高菜漬け100ｇ**、
**にんにくチューブ・しょうがチューブ各
小1**をよく混ぜ合わせる。

② **ちくわ10本**に縦に1本切り込みを入れ、
①を等分に詰める。ひと口サイズに切る。

③ フライパンに**サラダ油大1**を熱して②を
並べ、時々、転がしながら全体に焼き色
がつくまで焼く。**水大1**を加えてふたを
し、弱めの中火で約4分蒸し焼きにする。

ちくわの卵とじ

2人分

① **ちくわ4本**は2cm幅の斜め薄切りにする。
卵2個は溶きほぐす。

② フライパンにちくわ、**水1/2カップ**、**め
んつゆ大2**を入れ、火にかける。煮立っ
たら溶き卵を細く流し入れる。ふたをし
て約30秒煮る。

> やさしい味で
> じんわりと
> あったまる

あえるだけの
超スピード
おつまみ

かまぼこのりあえ

作りやすい分量

かまぼこ1個（85ｇ） は 7 ～ 8 ㎜厚さに切る。ボウルに入れ、**しょうゆ小1/3**、**ゆずこしょう小1/4**、**韓国のり 4 枚**をちぎって加え、混ぜる。

冷めても
おいしいから
お弁当にも◎

ふわプリ
えびカツ風

2人分

① **むきえび200ｇ** は背ワタを除いてさっと洗い、水けを拭いて粗みじん切りにする。小さめの容器に**小麦粉50ｇ**、**卵1個**、**水大2**を入れて混ぜる。

② ボウルに**はんぺん100ｇ**を入れて手でざっとつぶす。えびを加え、**マヨネーズ大1**、**酒大1/2**、**塩ひとつまみ**を加えて混ぜる。４等分して丸め、①の卵液、**パン粉適量**を順にまぶす。

③ フライパンに**サラダ油大5～6**を熱して②を入れ、ときどき裏返しながら両面がこんがりするまで揚げる。

やっぱホッとするよね〜 野菜おかず

PART 5

献立に1品は入れたい野菜のおかず。
スーパーで手に入れやすいものを中心に紹介します。
冷蔵庫にこの野菜しかない！ってときにも活用してください。

ベーコンの
うまみが染みた
煮汁も絶品！

白菜ロールベーコン

2人分・8個分

① **白菜6～8枚（1/6カットされたものの、なるべく外側の葉）** は熱湯でゆでてざるに上げ、冷めたら水けをしっかり絞る。外側の幅が広い葉は縦半分に切る。**ベーコン8枚** を1枚ずつのせて巻き、巻き終わりをつまようじで留める。

② フライパンに**オリーブオイル大1**を熱し、①をときどき転がしながら全面に焼き色がつくまで焼く。**水1カップ**、**酒大1**、**洋風コンソメ小1**、**塩ふたつまみ**を加え、10分煮る。

じっくり煮ると
白菜が
とろうま～

無限に食っちゃう
豚白菜蒸し

2人分

① **白菜1/8株（350g）**、**豚バラ薄切り肉200g** は食べやすい大きさに切る。

② 鍋に入れ、**酒大2**、**白だし大1と1/2**、**とりがらスープの素小1**を加える。ふたをして火にかける。煮立ったら弱火にして10分蒸し煮にする。好みで**七味唐辛子**をふる。

もっとダイエット向きにしたい場合は豚バラをとりむね（そぎ切り）に変えても♪

白菜の
シンプル炒め

`2人分`

① 白菜1/8株(350g)はざく切りにする。

② フライパンにごま油大1を熱し、①の軸の部分を入れて炒め、しんなりしたら葉の部分を加えて炒める。

③ しょうゆ大1、とりがらスープの素大1/2を加えてからめ、削りがつお10gを加えて混ぜる。

白菜だけでも
おどろくほど
ウマい!

よだれ白菜

`2人分`

① 長ねぎ1/2本はみじん切りにし、白すりごま・酢・ごま油各大1、しょうゆ・豆板醤各大1/2と混ぜ合わせる。

② 白菜1/8株(350g)は食べやすい大きさに切る。耐熱皿に入れ、酒大2、塩小1/4をふる。ラップをかけ、約5分レンチンする。器に盛り、①をかける。

白菜の大量
消費にも
ぴったり

表面はカリッ
中はジューシーで
やみつきっ！

やみつき揚げ大根

`2人分`

① **大根1/3本（350ｇ）**は5㎝長さ、7〜8㎜
四方の棒状に切る。

② ボウルに入れ、**顆粒コンソメ大1**、**にん
にくチューブ小1/2**を加えて混ぜ、**小麦
粉大4**をまぶす。

③ フライパンに**サラダ油大4**を入れて熱し、
②を重ならないように入れ、全面に焼き
色がつくまで約4分揚げ焼きにする。

> フライパンに大根を入れるときは、できるだけ
> 重ならないように。また、衣がはがれるので、
> あまりいじらないように注意して。

大根のもちシャキ
食感が新鮮

明太チーズ大根もっち

`2人分`

① **大根1/3本（350ｇ）**は皮むき器でリボン
状に削る。ボウルに入れ、**明太子1腹**の
薄皮を除いたものと、**ピザ用チーズ・片
栗粉各50ｇ**、**とりがらスープの素小1と
1/2**を加えてよく混ぜる。

② フライパンに**サラダ油大1**を熱し、①を
入れて広げ、両面を焼き色がつくまで焼
く。食べやすく切って器に盛り、好みで
だしじょうゆ、**ドライハーブ**をかける。

> めんつゆ、酢じょうゆなどを
> つけて食べても。

じっくり
煮るから
染みうまっ

ほろほろ
うま塩大根

`2人分`

① **大根1/4本（250g）**は1.5cm厚さのいちょう切りにする。

② 鍋に①、**しょうがチューブ小1/2、水1と1/2カップ、酒・みりん各大1、とりがらスープの素小2、塩小1/4**を入れて火にかける。大根がやわらかくなり、煮汁の量が1/3くらいになるまで、15〜20分煮る。

③ 器に盛り、**七味唐辛子少々**をふる。好みで**黒いりごま**をかける。

大根はレンチン
すると時短
できるヨ！

ぶり大根

`2人分`

① **ぶり2切れ**は3cm幅に切る。

② **大根1/3本（350g）**は1cm厚さの半月切りにする。耐熱皿に入れて**水大1**をふり、ラップをかけ、竹串がすっと通るまで6分レンチンする。ざるに上げ、水けをきる。

③ 鍋に**水1カップ、しょうゆ大1と1/2、酒・砂糖各大1、しょうがチューブ小2**を煮立て、①を加える。アクを取り、②を加えて弱火にし、落としぶたをして10〜15分煮る。

玉ねぎ

漬け玉ねぎ

作りやすい分量

① **玉ねぎ1個**は縦半分に切って縦薄切りにする。

② 保存容器に入れ、**酢 1/2カップ、みりん・しょうゆ各1/4カップ、オリーブオイル大2、砂糖大1と1/2、塩小1**を加えて混ぜる。冷蔵室で一晩おく。

そのまま
食べてもいいし、
肉と合わせても◎

冷蔵室で約3日保存可。
付け合わせにもぴったり。

ごく薄切りに
するのがポイント

玉ねぎと生ハムの
マリネ風

2人分

① **玉ねぎ1個**は縦半分に切って縦薄切りにする。

② ボウルに入れ、**生ハム60g、オリーブオイル大2、酢・はちみつ各大1、塩ひとつまみ、ドライパセリ適量**を加えて混ぜる。

冷蔵室で約3日保存可。玉ねぎは薄いほどおいしいので、あればピーラーやスライサーを使うのがおすすめ(手を切らないように注意!)。

玉ねぎは
レンチンで甘さ
を引き出して

豚キムチーズ
玉ねぎ

`2人分`

① **玉ねぎ1個**はみじん切りにする。耐熱容器に入れてラップをかけ、3分30秒レンチンする。

② **とりがらスープの素小1、片栗粉大4**を加えて混ぜ、**キムチ60g**を加えてさらに混ぜる。

③ フライパンに**ごま油小1**を熱し、②を入れて広げ、**豚バラ薄切り肉2枚**をのせて両面を焼き色がつくまで焼く。**ピザ用チーズ適量**をのせて弱火にし、ふたをしてチーズが溶けるまで焼く。

おかか玉ねぎ

`2人分`

① **玉ねぎ1個**は縦半分に切って、縦薄切りにする。耐熱容器に入れ、ラップをかけて3分30秒レンチンする。

② 水けを捨て、**ポン酢じょうゆ大2、しょうがチューブ小1、削りがつお小1袋**を加えてよく混ぜる。

レンチンして
あえるだけの
ズボラレシピ

コロコロカレーじゃが

2〜3人分

① **じゃがいも 3〜4個（450g）**は1cm角に切り、**片栗粉**を薄くまぶす。

② **しょうゆ・砂糖各大2、マヨネーズ大1、カレー粉小1**を混ぜる。

③ フライパンに**オリーブオイル大1と1/2**を熱し、①を焼き色がつくまで焼く。②を加えて混ぜながら炒め、**ドライパセリ適量**をふる。

> じゃがいもは小さく切ると火通りが速ッ!

冷蔵室で約5日保存可。

> スナック感覚で食べられるひと口サイズ

ハッシュドポテト

2人分

① **じゃがいも2個（約300g）**はひと口大に切る。さっと洗い、水けをきって耐熱ボウルに入れ、ラップをかけて4分レンチンする。

② **片栗粉大2、塩ふたつまみ**を加え、かるく潰しながら、粉っぽさがなくなって粘りが出るまで混ぜる。ビー玉くらいの大きさに丸める。

③ フライパンに**サラダ油大5**を熱し、②を入れる。時々転がしながら全体に焼き色がつくまで約5分揚げ焼きにする。

新じゃがの クリチあえ

大きい新じゃが をひと口大に 切っても OK

2〜3人分

① **クリームチーズ100g**は耐熱容器に入れ、ラップをかけて10秒づつ計50秒ほどレンチンし、やわらかくする。**マスタード小2、ドライパセリ小1、七味唐辛子小1/2、塩小1/3、こしょう少々**を加え、よく混ぜる。

② **新じゃがいも小5個（500g）**は皮つきのまま洗い、ぬれた状態で別の耐熱容器に入れ、ラップをかけて7分レンチンする。

③ ②が熱いうちにふきんなどで包んで皮をむき、①に加えて絡める。

ほっくさく〜グラタン

つぶし＆細切りで じゃがいもを 堪能するべし！

2人分

① **じゃがいも大1個（200g）**は一口大に切り、耐熱の器に入れてラップをかけ、6分レンチンする。フォークでつぶし、**ツナ缶（油漬け）1缶、マヨネーズ大1、顆粒コンソメ小1**を加えて混ぜる。

② 別の**じゃがいも大1個（200g）**は細切りにして別のボウルに入れ、**オリーブオイル大1、塩適量**を加えて混ぜる。

③ 耐熱皿に①を入れ、**スライスチーズ3〜4枚**をのせる。②を広げてのせ、**粗びき黒こしょう少々**をふり、230℃のオーブンで20〜25分焼く。好みで**ドライパセリ**をふり、**ケチャップ**をかける。

味つけは
しょうゆだけ！

甘サク
にんじんスティック

`2人分`

① **にんじん1本**は棒状に切る。

② ポリ袋に入れ、**しょうゆ大1**、**にんにくチューブ小1**を加えてもみ込み、**片栗粉大3**をまぶす。

③ フライパンに**サラダ油大2**を入れて熱し、②を重ならないように入れ、全面を約4分こんがり揚げ焼きにする。

ひらひらの
にんじんの
食感がイイ！

キャロットラペ

`2人分`

① **にんじん1本**はピーラーでリボン状に削る。ボウルに入れ、**塩小1/4**をふってもみ、約5分おく。

② 器に**オリーブオイル大1**、**酢・はちみつ各小1**、**粗びき黒こしょう少々**を混ぜ、①の水けを絞って加え、あえる。

みんな大好き
にんじんの
グラッセ風

うまバター
キャロット

2人分

① **にんじん1本**は1㎝厚さの輪切りにし、面取り（切り口の角を薄く削ぎ取る）をする。

② 鍋に①、**水3/4カップ**、**バター20ｇ**、**砂糖小1**、**塩ひとつまみ**を入れて火にかけ、煮立ったら弱火にしてふたをし、ときどき鍋をゆすりながら8〜10分煮る。

③ ふたを取って中火にし、汁けがなくなって照りが出るまで煮る。

にんじんとチーズ
だけの潔さ
なのに絶品！

カリカリ
にんじんガレット

2人分

① **にんじん1本**は細切りにする。

② フライパンに**オリーブオイル大1**を熱し、①をさっと炒める。

③ にんじんを広げ、**ピザ用チーズ100ｇ**を広げてのせる。ふたをして弱めの中火で7〜8分、チーズが溶けてこんがりするまで焼く。

生ハムの塩けが
なすのトロッに
よく合う

なすとハムの
マリネッ！

2～3人分

① **なす4個**は縦半分に切り、斜め薄切りにする。

② 耐熱の器に入れ、**オリーブオイル・めんつゆ各大3、酢大2、みりん大1**を加えて混ぜる。ラップをかけ、3分レンチンして全体を混ぜ、ふたたびラップをかけ、さらに2分レンチンする。

③ 粗熱がとれたら、**生ハム50g**を加えて混ぜる。好みで**ドライパセリ**をふる。

アツアツご飯に
合いすぎる

細切りなすの
止まらん炒め

2～3人分

① **なす5個**は縦薄切りにし、さらに縦細切りにする。

② **白いりごま・しょうゆ・酢・ごま油各大1、砂糖大1/2、豆板醤小2、にんにくチューブ・しょうがチューブ各小1**を混ぜる。

③ フライパンに**ごま油大2**を熱し、なすを軽く焼き色がつくまで焼く。②に加え、よく混ぜ合わせる。

冷蔵室で約3日保存可。

なすの
うますぎ漬け

`2人分`

① **なす2〜3個**は5mm厚さの縦薄切りにする。

② **にら1/2束**は1cm幅に切り、**コチュジャン・酢各大1**、**砂糖・めんつゆ・オイスターソース各大1/2**と混ぜ合わせ、保存容器に入れる。

③ フライパンに**ごま油大2**を熱し、なすの両面を焼き色がつくまで焼く。熱いうちに②に加え、冷蔵室でできれば半日以上おく。

> こくうまの
> にらだれに
> やみつき！

> しょうがを
> きかせた
> さっぱり和風味

なすのめんつゆ煮

`2人分`

① **なす2個**は乱切りにする。**大根100g**はすりおろす。

② フライパンに**サラダ油大2**を熱し、なすを油が回るまで炒める。

③ **水1/4カップ**、**めんつゆ大2**、**しょうがチューブ小2**を加え、煮立ったら弱火にし、約5分煮る。大根おろしを加えて混ぜる。

丸ごと焼きチーズトマト

2〜3人分

① **トマト2〜3個**はへたの部分から中身をくりぬき、カップ状にする。

② くりぬいたトマトをボウルに入れ、**ツナ缶（油漬け）1缶（70g）**を缶汁をきって加え、**クリームチーズ30g**、**塩少々**を加えて軽く混ぜる。

③ ①に②を詰め、**粉チーズ・ドライパセリ各適量**をふる。オーブントースターで約5分焼き、アルミホイルをかぶせてさらに約10分焼く。

> よく熟れた
> トマトで作ってね

簡単ミネストローネッ！

1人分

① **玉ねぎ1/2個**はみじん切り、**トマト大1個**は小さめのひと口大に切る。**ソーセージ3本**は1cm幅に切る。

② 鍋に**オリーブオイル大1**を熱し、①の玉ねぎとソーセージを炒める。トマト、**水1カップ**、**ケチャップ大1**、**砂糖・顆粒コンソメ各小2**を加え、煮立ったら弱火にし、ふたをしてとろみがつくまで10〜15分煮る。

> ケチャップベース
> だから
> お子サマにも！

絶品トマトだけ

2人分

① **トマト1〜2個（250g）**は輪切りにし、器に盛る。

② 小さいボウルに**とりがらスープの素・しょうゆ各小1**を混ぜ、**ごま油大1**、**白すりごま大1/2**、**しょうがチューブ小1**を加えて混ぜ、①にかける。

> トマトが秒で
> なくなる
> うまごまだれ

冷凍すると皮が
するりとむける

冷蔵室で4〜5日保存可。

ミニトマトの即席マリネ

`2人分`

① **ミニトマト12個**は冷凍室で4時間以上冷やす。ボウルに水を張り、ミニトマトを凍ったまま入れ、皮をむいて保存容器に入れる。

② 小鍋に**水大4、ごま油・酢各大2、砂糖・しょうゆ各小2、塩ふたつまみ**を入れて混ぜ、弱火にかける。煮立ったら火を止めて粗熱をとる。①に加えて冷蔵室で30分以上漬ける。

表面をさっと
焼いて新鮮!

やみつき焼きトマト

`2人分`

① **オリーブオイル・酢各大1、にんにくチューブ・砂糖各小1、塩ひとつまみ**を混ぜる。

② **トマト1個**は8等分のくし形に切る。

③ フライパンに**オリーブオイル大1**を熱し、②を並べ入れ、両面を約2分ずつ焼く。器に盛り、①をかける。

切って
あえるだけの
すぐでき一品

トマキム

`2人分`

① **トマト大1個**は小さめのひと口大に切る。**キムチ50g**は小さめに切る。

② ボウルに①、**ごま油大1**を入れて混ぜ、**韓国のり4枚**をちぎって加え、混ぜ合わせる。

ボコボコきゅうりのナムル

作りやすい分量

① **きゅうり4本**はめん棒でたたき、小さめのひと口大に割る。ポリ袋に入れて**塩ふたつまみ**を加え、軽くもみ込んで約10分おく。

② ①の水けを絞り、**酢大2、砂糖・白いりごま・しょうゆ各大1、赤唐辛子（小口切り）・ラー油各小1**を加えてよくもみ込む。

たっぷり作って
バリバリ食べたい

作ってすぐ食べられますが、冷蔵室で30分ほどおくと、よりおいしいです。

きゅうりのごまみそ漬け

作りやすい分量

① **きゅうり2本**は皮をしま目にむき、ひと口大に切る。**塩ふたつまみ**をまぶし、約5分おく。

② **白すりごま・砂糖・みそ各大1**を混ぜる。

③ ①の水けをよく絞って②に加えて絡め、冷蔵室で30分以上おく。

甘みその
ごまだれが
クセになる

ぽりぽりきゅうり

作りやすい分量

カレーの
おともにも
オススメ！

① **きゅうり3本**は薄い輪切りにし、**塩ひとつまみ**をふってもみ、約10分おく。**しょうが1かけ**はせん切りにする。

② 鍋にしょうが、**ポン酢じょうゆ・水各1/4カップ、砂糖大1、赤唐辛子の小口切り小1/2**を入れて火にかけ、きゅうりを水けを絞って加え、混ぜながら汁けがなくなるまで煮る。冷蔵室で30分以上おく。

ファスナー付きの袋で作っても

きゅうりのコチュあえ

2〜3人分

① **きゅうり3本**は長さを3等分し、縦4つに切る。

② ボウルに**しょうゆ大2、みりん・ごま油・コチュジャン各大1、とりがらスープの素小1/2**を混ぜ合わせ、①を加えてあえ、冷蔵室で1時間以上おく。

さっぱり味で箸休めにぴったり

きゅうりとわかめの
やみつきあえ

2人分

① **きゅうり1本**はで薄い輪切りにし、**塩少々**をふって軽くもむ。約5分おき、洗って水けを絞る。**カットわかめ2g**は袋の表示どおりにもどして水けをきる。

② ボウルに①を合わせ、**砂糖・酢各大1**を加えて混ぜる。味をみて足りなければ**塩**でととのえ、器に盛り、**白いりごま適量**をふる。

> わかめは塩蔵タイプを使ってもいいヨ！

甘くて酢っぱい青春の味！

うめハニきゅう

2人分

① **きゅうり2本**はめん棒でたたき、5cm長さに切る。**塩ふたつまみ**をまぶし、約5分おく。

② **梅干し1〜2個**は種を除き、包丁でたたいてペースト状にする。ボウルに入れ、**しょうゆ・はちみつ・ごま油各小1**を加えて混ぜ、①を水けをよく絞って加え、あえる。

チーズッキーニ

2人分

① **ズッキーニ1本**は横1cm厚さの輪切りにする。

② フライパンに**オリーブオイル大2**を熱し、①の両面を焼き色がつくまで焼く。**粉チーズ大2、塩・粗びき黒こしょう各少々**を加えてさっと混ぜる。

> 粉チーズと
> 塩こしょうで
> シンプルに

> ズッキーニを
> ステーキ風に

カレーうまズッキー

2人分

① **ズッキーニ1本**は縦半分に切り、断面に格子状に切り目を入れる。

② フライパンに**オリーブオイル大1強、カレー粉小1/4**を混ぜて熱し、①を断面を下にして並べる。両面を焼き色がつくまで約4分ずつ焼く。仕上げに**塩ひとつまみ**をふる。

一味唐辛子
なしでも
おいしいヨ

冷蔵室で約3日保存可。

オクラの
めんつゆ漬け

作りやすい分量

① まな板に**塩適量**をふって**オクラ20本**を
のせ、押さえつけるように転がす。

② たっぷりの湯を沸かし、①を塩をつけた
まま入れ、約2分ゆでる。水けをきり、
1cm幅の小口切りにする。

③ 保存容器に入れ、**めんつゆ1/4カップ**、
水3/4カップ、**白いりごま大3**、**しょう
がチューブ小1**、**一味唐辛子小1/2**を加
えて混ぜる。冷蔵室で約1時間おく。

オクラなめろう

2人分

① **オクラ8本**はヘタの先を切り落とし、が
くをむく。耐熱容器に入れてラップをか
け、2分レンチンする。

② ①、**青じそ3枚**、**みょうが1個**、**しょう
が5g**は細かく刻む。混ぜ合わせて包丁
で粘りが出るまでたたき、**みそ・白だし
各小1**を加え、さらにたたきながら混ぜ
合わせる。

冷や奴や納豆、
アツアツご飯に
かけても

ボチャうまサラダ

`作りやすい分量`

① **かぼちゃ1/6個（350ｇ）**は大きめのひと口大に切り、耐熱ボウルに入れる。**オリーブオイル大1**、**塩ふたつまみ**を加え、ラップをかけて5分レンチンする（かたい部分があれば追加でレンチンする）。

② へらなどでしっかりつぶし、**牛乳1/4カップ**を加えて混ぜ、**好みのドライフルーツ・ナッツ合わせて約50ｇ**を加えてさらに混ぜる。

③ 別のボウルに**クリームチーズ100ｇ**、**みそ30ｇ**を混ぜ、②に加えて混ぜ合わせる。

> ドライフルーツとナッツは、どちらかでも

ハニーバターかぼちゃ

`作りやすい分量`

① **かぼちゃ1/6個（350ｇ）**はラップで包んで1分40秒レンチンする。粗熱がとれたら1cm幅に切る。

② フライパンに**バター20ｇ**を入れて溶かし、①を並べて弱火で約6分焼き、裏返してさらに約4分焼く。**塩ひとつまみ**、**はちみつ大2**を加えて混ぜる。器に盛り、**粉チーズ大1**をふる。

> 丸ごとレンチンで切りやすく

三角かぼパイ

15個分

① **かぼちゃ1/6個（350ｇ）** は一口大に切る。耐熱ボウルに入れ、ラップをかけて6分レンチンする。熱いうちになめらかになるまで潰し、**塩小1/3**を混ぜる。

② **春巻きの皮5枚**は縦3等分に切る。手前に①の1/15量をのせ、かぼちゃを包みながら三角に折りたたむ。

③ フライパンに**サラダ油大2**を熱し、②を巻き終わりを下にして入れ、上下を返しながら全体がきつね色になるまで約6分揚げ焼きにする。

ミニサイズがかわいい。お弁当にも

かぼちゃポタージュ

2〜3人分

① **かぼちゃ1/6個（350ｇ）** は薄切りにする。**玉ねぎ1/4個**は縦薄切りにする。

② 鍋に**バター10ｇ**を入れて溶かし、①の玉ねぎを炒める。しんなりしたらかぼちゃ、**水1と1/2カップ**、**顆粒コンソメ小1**を加え、煮立ったらふたをして、かぼちゃがやわらかくなるまで弱火で約10分煮る。ミキサーでかくはんし、鍋に戻し入れる。**牛乳1カップ**を加えて温め、味をみて足りなければ**塩**、**こしょう**でととのえる。器に盛り、**ドライパセリ適量**をふる。

ミキサーがなければフォークでつぶしてもOK

ほどよい酸味で
食べやすい

れんこんの甘酢炒め

作りやすい分量

① **れんこん200g**は5mm厚さの輪切りにして、**片栗粉**を薄くまぶす。**A**（**白いりごま・砂糖・しょうゆ・酢各大1**）を混ぜておく。

② フライパンに**ごま油大1と1/2**を熱し、①のれんこんを焼く。全体に焼き色がついたら**A**を回し入れ、ツヤが出るまで炒める。

れんこんのうまい
食べ方がコレ！

れんこんスナック

2人分

① **れんこん150g**は5mm厚さの輪切りにする。

② フライパンに**オリーブオイル大1/2**を熱し、①を並べて両面を約5分焼く。透き通ってきたらいったん取り出す。

③ 同じフライパンに**ピザ用チーズ100g**を広げて入れ、火にかける。チーズが溶け始めたら②を広げてのせ、約4分焼く。底面がカリッとしたら上下を返し、もう片面にも焼き色がつくまで約2分焼く。

はんぺんと
れんこんで
もっちりふわっ

ふわしゃき
れんこんつくね

2人分

① **れんこん300ｇ**は1/3量を粗みじん切りにする。残りはすりおろしてボウルに入れる。**Ａ**(**しょうゆ・みりん各大２、砂糖・酒各大1**)は混ぜる。

② ①のボウルに**はんぺん1枚**を手でちぎって加え、**片栗粉大２、塩・こしょう各少々**を加えて混ぜる。①の粗みじん切りにしたれんこんを混ぜ、12等分して丸める。

③ フライパンに**サラダ油大1**を熱し、②を全面にこんがりと焼き色がつくまで転がしながら約10分焼く。**Ａ**を回し入れ、絡める。

焦げやすいので
気をつけて
揚げてね！

れんこん辛子みそ
チップス

作りやすい分量

① **れんこん400ｇ**は2〜3mm厚さの輪切りにし、水に約5分さらして水けをふく。

② **練り辛子・水各大1、砂糖・みそ各小1、和風顆粒だし少々**を混ぜ合わせて①に絡める。**片栗粉大1と1/2**も加え、よくまぶす。

③ フライパンに**サラダ油大3**を熱し、②をきつね色になるまで揚げ焼きにする。

ぼくのきんぴらごぼう

2人分

① **ごぼう2/3本（100g）** はよく洗い、ピーラーでリボン状に削って食べやすい長さに切る。水に約5分さらし、水けをきる。

② フライパンに**ごま油大1**を熱し、①を油がなじむまで約3分炒める。**みりん・白だし各大1**を加え、汁けがなくなるまで炒め、**七味唐辛子少々**を加えて混ぜる。

ピーラーで
ごく薄切りに
して食べやすく

ごまマヨごぼう

レンチン
ごぼうを
あえるだけ

2人分

① **ごぼう2/3本（100g）** はよく洗い、5〜6cm長さの細切りにする。水にさっとさらして水けをきり、耐熱容器に入れ、ラップをかけて5分レンチンする。

② 粗熱がとれたら、**マヨネーズ大2、白すりごま大1、めんつゆ小1**を加えてあえる。

ひらひら
無限ごぼう

2人分

① **ごぼう2/3本（100g）** はよく洗い、ピーラーで細かく削って水に約5分さらす。水けをきって耐熱ボウルに入れ、ラップをかけて5分レンチンする。

② 熱いうちに、**ツナ缶（オイル漬け）1缶（70g）** を缶汁をきって加え、**バター15g**、**砂糖・白いりごま・しょうゆ各大1/2**を加えてよく混ぜ合わせ、味をなじませる。器に盛り、**削りがつお適量**をのせる。

ごぼうの風味に
バターじょうゆ
がよく合う

揚げごぼうのりあえ

2人分

① **ごぼう1本（150g）** はよく洗い、小さめの乱切りにする。ボウルに入れ、**白だし大2**、**にんにくチューブ大1**を絡め、**片栗粉大3**をまぶす。

② フライパンに①を入れ、**サラダ油大4**を回しかける。火にかけ、ときどき転がしながら全体に焼き色がつくまで約8分揚げ焼きにする。油をきり、**マヨネーズ大1**、**青のり適量**であえる。好みで**塩**をふる。

じっくり揚げた
コロコロごぼうに
青のりマヨを

さつまいもの甘さに塩けがたまらない！

ジャーマンさつま

2人分

① **さつまいも1本（200g）** は皮をむいて1cm角に切り、水に約5分さらし、水けをきる。耐熱ボウルに入れてラップをかけ、さつまいもがやわらかくなるまで4分レンチンする。

② **ソーセージ5本** は1cm幅に切る。フライパンに **バター5g** を熱し、ソーセージをさっと炒める。

③ ①に②を加え、**マヨネーズ大3**、**粒マスタード大2**、**塩ひとつまみ** を加えてあえる。

さつまいもが主役のメインおかず

豚バラとさつまいもの甘じょっぱ煮

2人分

① **さつまいも1本（200g）** は皮つきのままよく洗い、1cm厚さの輪切りにする。水に約5分さらして、ペーパータオルで水けをふく。**豚バラ薄切り肉150g** は4〜5cm幅に切る。

② 鍋に **サラダ油大1** を熱し、豚肉を色が変わるまで炒める。さつまいもを加え、いもに油がまわるまでさらに炒める。

③ **水3/4カップ**、**みそ大1と1/2**、**砂糖小2**、**しょうゆ小1** を加え、落としぶたをして約7分煮る。

やさしい甘さで
心もからだも
温まるよ！

さつまいも
豆乳カレースープ

`2人分`

①　**さつまいも小1本（150g）**はよく洗い、皮つきのまま1cm厚さのいちょう切りにする。水に約5分さらし、水けをきる。**ベーコン2枚**は1cm幅に切る。

②　鍋に**オリーブオイル大1/2**を熱し、ベーコンを炒める。さつまいも、**水1カップ**、**顆粒コンソメ小2**、**カレー粉小1/2**を加え、沸騰したら弱火にし、さつまいもがやわらかくなるまで7〜8分煮る。

③　**無調整豆乳1カップ**を加えて弱めの中火にし、煮立つ直前に火を止める。

さつまいもとコーンの
グラタン風

`2人分`

①　**さつまいも1本（200g）**は皮つきのままよく洗い、縦半分に切る。耐熱容器に並べて**水大1**をふり、ラップをかけて5分レンチンする。熱いうちに皮をむいてつぶす。

②　フライパンに**バター20g**を弱火で熱し、**ホールコーン30g**、**塩ひとつまみ**を入れてさっと炒め、火を止める。

③　①を加えて混ぜ、**牛乳1/2カップ**を加えて混ぜる。火にかけてふつふつとしてきたら**ピザ用チーズ適量**をのせ、ふたをしてチーズが溶けるまで蒸し焼きにする。好みで**ドライバジル**をふる。

さつまいもと
コーンの甘さを
堪能して

きのぽん

2人分

① **しいたけ6枚**は軸を除いて薄切りにする。**まいたけ50g**はほぐす。

② 耐熱ボウルに入れ、ラップをかけて4分レンチンする。

③ **ポン酢じょうゆ大2**、**ごま油大1**、**削りがつお小1袋**を加え、よく混ぜ合わせる。

> シンプルなのについつい箸がのびるおいしさ

とろとろえのき腸活

2人分

① 耐熱容器に**めんつゆ・みりん各大1**、**コチュジャン大1/2**、**ごま油大1**を入れて混ぜ、**えのき1袋（100g）**を加えて混ぜる。ラップをかけて3分レンチンする。

② ほぐしながらよく混ぜ、**白いりごま適量**をふり、**卵黄1個分**をのせる。

> 炊き立てご飯はもちろん、うどんにも合う！

好みのきのこ
をミックスしても
おいしいぞ！

明太マヨ
エリンギ

作りやすい分量

① **エリンギ大1パック（200ｇ）**は縦4等分
　の薄切りにし、長さを半分に切る。

② **明太子40ｇ**は薄皮を除いてボウルに入
　れ、**マヨネーズ大1**を加えて混ぜる。

③ フライパンに**バター20ｇ**を熱し、①の
　両面を焼き色がつくまで焼く。②に加え
　て混ぜ、器に盛って**刻みのり適量**を散ら
　す。

お弁当の
おかずにも
ぴったり！

えのベーコン

作りやすい分量

① **えのき大1袋（200ｇ）**は10等分する。

② **ハーフベーコン10枚**に、**青じそ10枚**を
　1枚ずつのせ、①を1/10量ずつのせてき
　つめに巻く。

③ フライパンに**オリーブオイル小1**をひき、
　②を巻き終わりを下にして並べる。火に
　かけて焼き色がついたら上下を返し、両
　面をこんがり焼く。ふたをして弱火にし、
　約3分蒸し焼きにする。**ポン酢じょうゆ
　大1**を回し入れて絡める。

> 裏返すときにベーコンがはがれやすい
> のでそっと返してね。

豆乳でまろやか、タバスコでピリ辛。最高の組み合わせ

きのこの
ジンジャーチリトマト

2人分

① **好みのきのこ（しめじ、まいたけなど）300ｇ**は食べやすくほぐす。

② 鍋に**オリーブオイル大1**を熱し、①を焼き色がつくまで炒める。**しょうがのみじん切り小1**、**カットトマト缶400ｇ**、**顆粒コンソメ大1**を加えて混ぜ、煮立てる。

③ **無調整豆乳1カップ**を加え、沸騰する直前に火を止める。味をみて足りなければ**塩少々**を加え、器に盛り、好みで**タバスコ、ドライパセリ**をふる。

きのこのひたひた煮

作りやすい分量

① **しいたけ10枚**は軸を除いて薄切りにする。**えのき1袋(100ｇ)**はほぐす。

② 鍋に**酒大4**、**水大2**を入れて煮立て、①を加えてふたをし、約1分蒸し煮にする。

③ **めんつゆ大2**、**みりん大1**を加えてときどき混ぜながら約3分煮る。

作り置きすると便利！麺にのせても

ねぎが主役の
焼き肉

豚、とり、牛
何にでも
合う特製だれ

2人分

① **万能ねぎ40g**は小口切りにしてボウルに入れ、**水大2、白いりごま・コチュジャン各大1、砂糖・にんにくチューブ・しょうがチューブ各小1/2**を加えて混ぜる。

② フライパンに**サラダ油適量**を熱し、**好みの肉200g**を並べ入れて**塩ひとつまみ**をふる。火が通るまで両面を焼き、器に盛って①をかける。

長ねぎ豚巻き

面倒そうな肉巻き
もレンジで手軽に

2人分

① **長ねぎ1本**に、**豚バラ薄切り肉4〜5枚**を斜めに巻きつけて全体をくるむ。食べやすい長さに切って耐熱容器に入れ、ラップをかけて4分レンチンする。

② **白いりごま・しょうゆ・オイスターソース・ごま油各大1/2、砂糖小1/2**を混ぜ、①にかける。

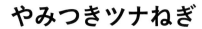

やみつきツナねぎ

2人分

① **長ねぎ1本**は1cm幅の斜め切りにする。

② 耐熱ボウルに①と**ツナ缶1缶(70g)**を缶汁ごと入れ、ラップをかけて2分レンチンする。**ごま油小1**、**とりがらスープの素少々**を加えて混ぜる。

ごま油の風味が
よいまとめ役に

ツナは油漬けでも水煮でも、好みの
ほうを使ってください。

ねぎ平焼き

1～2人分

① **長ねぎの白い部分1/2本分**は斜め薄切りにする。**卵2個**は溶きほぐす。

② フライパンに**サラダ油大1**を熱し、溶き卵を流し入れて広げる。ふちが固まってきたらねぎを広げてのせる。卵が固まったら三つ折りにする。食べやすく切って器に盛り、**だししょうゆ(またはめんつゆ)適量**をかける。

ねぎと卵しか
ない！って時に
おすすめ！

ねぎおかか飯

`1人分`

① **長ねぎの白い部分1本分**は小口切りにして、水に約5分さらす。水けをきってボウルに入れ、**ごま油大1、酢・砂糖各小1、とりがらスープの素小1/2、削りがつお小1袋**を入れて混ぜる。

② 器に**温かいご飯適量**を盛り、①をのせる。

> ねぎは水に
> さらして辛みを
> やわらげて

ねぎ塩レモン豚

`1人分`

① **長ねぎ2/3本**は斜め薄切りにする。**豚バラ薄切り肉100g**は5cm幅に切る。

② フライパンに**ごま油大1**を熱し、①を順に加えて炒める。肉の色が変わったら**水1/2カップ、とりがらスープの素少々**を加え、5分煮る。

③ **レモン汁大1、粗びき黒こしょう・塩各少々**を加えて混ぜる。水溶き片栗粉（**片栗粉小1、水小2**）を加え、とろみがつくまで混ぜる。

> レモン×豚バラの
> 〝酸っぱうまい〟が
> クセになる

ほうれん草と
あさりのスープ

`2人分`

① **ほうれん草1わ（200ｇ）**は４cm長さに切る。

② 鍋に**サラダ油大1**を熱し、①を炒める。しんなりしたら**水1と1/2カップ**を入れ、ひと煮立ちしたら**あさりの水煮缶1缶**を缶汁ごとと、**塩ひとつまみ**、**ゆずこしょう小1/2**を加え、弱火で約5分煮る。

あさりのうまみ
が詰まった缶汁も
活用して

ほうれん草と
ベーコンのスープ煮

`2人分`

① **ほうれん草1わ（200ｇ）**は食べやすい長さに、**ベーコン2枚**は1.5cm幅に切る。

② フライパンに**バター10ｇ**を溶かし、①を炒める。ほうれん草がしんなりしたら**水3/4カップ**を加え、**顆粒コンソメ小2**を加える。煮立ったら弱火にして約3分煮る。好みで**粉チーズ**をふる。

ファミレスで
好きな味を
再現した一品

小松菜マヨ

`2人分`

① **小松菜1/2わ（100ｇ）** は3cm長さに切る。耐熱ボウルに入れ、ラップをかけて3分レンチンして水けをふく。

② **ツナ缶（油漬け）1缶（70ｇ）** は缶汁をきる。

③ 別のボウルに**マヨネーズ大1、しょうゆ小1/2**を混ぜ、**①**、**②**を加えてあえる。

小松菜の辛みそ炒め

`2〜3人分`

① **小松菜1わ（200ｇ）** は3cm長さに切る。

② **にんにくチューブ・酒各大1、みそ・オイスターソース・豆板醤各小1**を混ぜる。

③ フライパンに**ごま油大1**を熱し、小松菜をしんなりするまで炒める。**②**を加え、さっと炒める。

吹き出し: 甘酢っぱ味で
キャベツを
大量消費！

南蛮キャベツ

2〜3人分

① **キャベツ400ｇ**は軸のかたい部分を切り取り、ひと口大に切る。耐熱容器に入れ、ラップをかけて5分レンチンする。

② 大きめのボウルに**酢大3、砂糖・しょうゆ・ごま油各大1、一味唐辛子少々**を入れて混ぜる。

③ ①の水けをきって熱いうちに②に加え、手早く混ぜ合わせる。

吹き出し: 塩麹がなければ
塩小1/3〜1/2で
作ってもOK

無限すぎるキャベツ

2〜3人分

① **キャベツ400ｇ**は細切りにする。耐熱ボウルに入れ、ラップをかけて5分レンチンする。

② 水けをきり、**塩麹・ごま油各大1/2**を加えて混ぜる。器に盛り、好みで**ラー油**をかける。

しゃきしゃき
コールスロー

ハムもコーンも
なしでOK！
十分うまい

`2人分`

① **キャベツ250g**は7〜8mm幅に切り、**塩ふ
たつまみ**を混ぜてよくもむ。約10分お
き、水けを絞る。

② ボウルに**マヨネーズ大2**、**酢大1/2**、**砂
糖・レモン汁各小1**を混ぜ、①を加えて
さらに混ぜる。

ゆずこしょう
キャベーコン

バターのコクと
ゆずこしょうが
合いすぎるっ

`2人分`

① **キャベツ300g**はひと口大に切る。**ハー
フベーコン3枚**は長さを3等分に切る。

② 耐熱容器に①、**めんつゆ大1**、**ゆずこし
ょう小1/2〜1**を入れて混ぜる。**バター
20g**をのせ、ラップをかけて3分レンチ
ンする。いったん取り出して全体を混ぜ、
ふたたびラップをかけて1分レンチンす
る。

ピリ辛にんにく
味が淡白な
もやしに合う

もやしのナムル

2人分

① 白すりごま・ごま油・めんつゆ各大1、
にんにくチューブ小1、一味唐辛子小
1/2を混ぜる。

② もやし1袋（200ｇ）は耐熱容器に入れ、
ラップをかけて2分レンチンする。粗熱
がとれたらかるくもみ、水けをしっかり
絞る。

③ ②を①に加え、混ぜ合わせる。

コクうまあんで
もやし2袋も
ペロリ！

かがやくもやし

2人分

① 酒大1、とりがらスープの素・しょうゆ・
オイスターソース各小1、水3/4カップ
を混ぜる。

② フライパンにごま油大1を熱し、もやし
2袋（400ｇ）を炒める。全体がしんなり
したら①を加えて炒めながら絡め、水溶
き片栗粉（片栗粉大1、水大2）を回し入
れ、手早く混ぜてとろみをつける。器に
盛り、好みで七味唐辛子をふる。

水溶き片栗粉は事前にしっかり混ぜ
てから入れてネ！

もやしの佃煮

もやしを
とことん煮て
くたくたに

作りやすい分量

① 鍋に**もやし2袋（400g）**、**しょうがチューブ小1と1/2**、**砂糖大2**を入れて混ぜる。火にかけ、煮立ったら弱めの中火にし、もやしがくたくたになるまで煮る。

② **しょうゆ大2**を加えて混ぜ、弱めの中火で約5分煮る。

もやチーズ焼き

2人分

① **もやし1袋（200g）**はボウルに入れ、**片栗粉大3**、**顆粒コンソメ小1と1/2**、**みりん小1**を加えて混ぜる。

② フライパンに**ごま油適量**を熱し、①を入れて広げ、両面を焼き色がつくまでしっかり焼く。

③ **ピザ用チーズ適量**をのせ、ふたをしてチーズを溶かす。器に盛り、好みで**ドライパセリ**をふる。

もやしとチーズ
だけでやみつき
なおいしさ

153

もやし

もやし玉

`6個分`

① もやし3/4袋（150ｇ）は粗みじん切りにして片栗粉大1を混ぜる。

② ボウルに豚ひき肉150ｇ、酒大1、オイスターソース小2、とりがらスープの素・砂糖各小1を混ぜる。①を加えてさらに混ぜ、6等分して丸める。

③ 耐熱皿にのせてラップをかけ、4分レンチンする。皿を180°回転させ、2分レンチンする。好みでさらにラー油や練りがらしをつける。

加熱後、
肉が赤ければ
追加でチンして

もやしピリ辛スープ

`2人分`

① 鍋にごま油大1を弱火で熱し、にんにくチューブ・しょうがチューブ各小1を入れて香りが立つまで炒める。

② 水1と1/2カップ、とりがらスープの素小1を加え、煮立ったら牛乳大2、みそ・しょうゆ各大1を加える。もやし2袋（200ｇ）も加え、ひと煮立ちしたら器に盛り、好みでラー油をかける。

クリーミーで
ちょい辛の
うまみそ汁

ちゃんぽん風
で汁まで
おいしい〜

もやしの
春雨ラーメン

`1〜2人分`

① 鍋に水3カップ、とりがらスープの素小1と1/2を煮立て、**もやし2袋（400ｇ）**、**春雨30ｇ**を加え、もやしがしんなりするまで煮る。

② 牛乳大2、しょうゆ大1を加え、みそ大2を溶き入れ、煮立つ直前まで温める。

パリパリ中華もやし

`作りやすい分量`

① **きゅうり1本**は薄い小口切りにする。**もやし1袋（200ｇ）**は耐熱ボウルに入れてラップをかけ、2分レンチンし、水けをしっかりきる。

② 別のボウルにしょうゆ大2、白いりごま・砂糖・酢各大1、ごま油小1を入れて混ぜる。①を加えて混ぜ、冷蔵室で30分おく。

時間をおくほど
味が染みて
おいしくなるヨ

うま辛ピーマン

ラフにつぶした
丸ごとピーマンを
バリバリ食べて

作りやすい分量

① **ピーマン7〜8個**はヘタを指で押して種ごと取り除き、かるくにぎって潰す。**にんにく2片**はみじん切りにする。

② **みりん・しょうゆ各大2、コチュジャン大1/2**を混ぜる。

③ フライパンに**ごま油大1**を弱火で熱し、にんにくを香りが立つまで炒める。ピーマン、**酒大2**を加えてふたをし、弱めの中火で約3分蒸し焼きにする。**②**を加えて炒めながら絡め、**削りがつお小1袋、白いりごま小2**を加えて混ぜる。

うまポンピーマン

味つけは
ポン酢だけに
お任せ！

2人分

① **ピーマン3個**は縦半分に切って細切りにする。

② フライパンに**ごま油大1/2**を熱し、ピーマンをさっと炒める。**ポン酢じょうゆ大1**を加えて混ぜ、**白いりごま適量、削りがつお小1袋**を加えて混ぜる。

削りがつおがピーマンの水分や調味料を吸ってくれるので、お弁当のおかずにも◎

ピーマンの
コンビーフ焼き

`6個分`

① **ピーマン3個**は縦半分に切って種とわたを除く。

② **コンビーフ缶80g**と**マヨネーズ大3**を混ぜ、①に詰める。コンビーフの面を上にしてオーブントースターで約6分焼く。

> コンビーフの
> 塩けと脂が
> たまらない

> 炒めすぎず
> ピーマンの食感を
> 生かして！

チンジャオロースー

`2人分`

① **ピーマン5個**は縦半分に切って細切りにする。**牛こま切れ肉250g**は大きければ食べやすく切る。

② ボウルに牛肉、**ごま油大1**、**しょうがチューブ小1**を入れて混ぜ、**小麦粉大1と1/2**を加えて粉っぽさがなくなるまで混ぜる。熱したフライパンに入れ、肉をほぐしながら炒める。

③ 肉にほぼ火が通ったら、ピーマンを加え、ピーマンに油がまわるまで炒める。**酒・オイスターソース各大2**、**しょうゆ小1**、**とりがらスープの素少々**を加え、混ぜ合わせる。

味付けは
コンソメだけで
手軽に！

ブロッコリーと
きのこの洋風炒め

`2〜3人分`

① **ブロッコリー1株（250ｇ）** は小房に分ける。**好みのきのこ（しめじ、マッシュルームなど）150ｇ** は食べやすく切る。

② フライパンに**オリーブオイル大2**を熱し、①をしっかり焼き色がつくまで炒める。

③ 弱火にし、**水大2**、**顆粒コンソメ小2**を加えて絡め、さっと炒める。

お好みでマヨネーズをつけて食べてもおいしいよ。

ブロッコリーの
塩昆布バターあえ

`2人分`

① **ブロッコリー小1株（200ｇ）** は小房に分け、大きければ縦半分に切る。

② 耐熱ボウルに入れ、**塩昆布大2、オリーブオイル大1、にんにくチューブ小1、バター10ｇ、顆粒コンソメ少々**を加えてかるく混ぜ、ラップをかけて3〜4分レンチンする。

混ぜてチン
するだけ。
難しいことなし！

梅マヨッコリー

ほどよい酸味で
箸が止まらんっ！

2人分

① **ブロッコリー小1株（200ｇ）** は小房に分ける。耐熱ボウルに入れ、**水大1、塩ふたつまみ**を加えて混ぜ、ラップをかけて3〜4分レンチンする（好みのかたさに調整する）。ざるにあけて水けをきり、粗熱をとって器に盛る。

② **梅干し1個**は種を除き、包丁でたたく。**マヨネーズ・白すりごま各大1**を混ぜ、①にかける。

ブロッコリーの
から揚げ

とりのから揚げ
にも負けない一品

2〜3人分

① **ブロッコリー1株（250ｇ）** は小房に分け、大きければ半分に切る。

② ポリ袋に①、**めんつゆ大2、にんにくチューブ・しょうがチューブ各小1**を加えて袋の上からもみ、約15分おく。

③ ②に**片栗粉大4**をまぶす。フライパンに**オリーブオイル大3**を熱し、ときどき転がしながら全体がこんがりするまで約4分揚げ焼きにする。

極・レタス

`2〜3人分`

① **サニーレタス1個**は一口大にちぎる。ボウルに入れ、**塩少々**をふって混ぜ、約5分おく。

② **マヨネーズ大2、めんつゆ大1、砂糖・酢各小1、塩ひとつまみ、和風顆粒だし少々**を混ぜる。

③ ①の水けを絞り、**白すりごま大1、削りがつお1袋**を加える。**好みのナッツ適量**を粗く刻んで加え、混ぜ合わせる。②を加えて混ぜ、器に盛り、**粗びき黒こしょう・粉チーズ各適量**をふる。

食感も楽しい
ごちそうサラダ

無限巻き巻きレタス

レタスだけで
この美しさ！

`2〜3人分`

① **レタス1個**は1枚ずつはがす。沸騰した湯で30秒ゆで、氷水にとる。水けをきってペーパータオルで拭く。

② 2〜3枚ずつ重ねて広げ、**白すりごま大1、好みの香辛料(粗びき黒こしょう、七味唐辛子など)適量**を等分にふる。手前から巻き、食べやすい長さに切って器に盛る。

③ **めんつゆ大2、ごま油大1**を混ぜ、②にかける。

やみつきレタス

`作りやすい分量`

① ボウルに**しょうゆ・ごま油各大1、にんにくチューブ小1/2、とりがらスープの素少々**を混ぜる。

② **レタス1個**と**韓国のり15枚**を食べやすい大きさにちぎって加え、あえる。

焼肉屋さんで
出てくる
やみつきサラダ

牛レタ

2人分

① **レタス1個**は1枚ずつはがし、ひと口大にちぎる。**にんにく1片、長ねぎ1/3本**はみじん切りにする。**牛薄切り肉200g**は**片栗粉大1**をまぶす。

② **酒・みりん・しょうゆ・オイスターソース各大1**を混ぜる。

③ フライパンに**オリーブオイル大1**を熱し、レタスを入れ、さっと炒めて**塩・こしょう各少々**をふり、器に盛る。フライパンに**オリーブオイル大1**を足して弱火で熱し、ねぎ、にんにくを炒めて香りを出す。牛肉を加えて中火で炒め、色が変わったら②を加えて絡め、レタスにのせる。

豚バラ肉でもうまいよ！

クリーミーでやさしい味にホッとする

レタスのクリーム煮

2人分

① **レタス1/2個**は食べやすい大きさにちぎる。フライパンに**サラダ油大1**を熱し、レタスと**塩ひとつまみ**を加え、レタスがしんなりするまで炒める。

② **かにかまぼこ5本**を割き、**水1カップ、顆粒コンソメ大1**とともに加える。煮立ったら**牛乳1カップ**を加え、煮立つ直前に弱火にする。**水溶き片栗粉（片栗粉大1、水大2）**を加え、とろみが出るまで混ぜる。

牛乳を加えたら煮立たせないように注意して。

春雨とレタスの中華サラダ

2人分

① 鍋に湯を沸かし、**レタス1/2個**を食べやすくちぎって入れ、さっとゆでて取り出す。同じ湯に**春雨50g**を入れて2〜3分ゆでる。ともに水にとって冷まし、水けをしっかりきる。

② ボウルに**酢大2、しょうゆ大1、砂糖・ごま油各小1、塩小1/4、とりがらスープの素少々**を混ぜ、①を加えてあえる。

ゆでたレタスとつるつる春雨が意外に合う！

ぼくの愛用
キャベツピーラー

小さなものを切るときは特に、手
を切らないように注意してください。

リボン状にスライスした大根やき
ゅうりのサラダがお気に入り。

COLUMN 3

ピーラーで
包丁要らず！

おすすめの調理道具といえば「ピー
ラー」。大根、にんじん、きゅうり
をリボン状の薄切りにしたり、玉ね
ぎ、じゃがいもをスライスして肉じ
ゃがを作ったり、皮をむく以外にも
ばんばん使います。薄切りにすると
調味料のなじみがよくなり、料理の
時短にも！　使うときは手を切らな
いように気をつけてね。

皮をむくだけ
なんて
もったいない！

切るのが苦手なぼくでも、この余裕（？）の笑顔！

お腹いっぱい食べたい

ご飯・麺・粉もの

ひと皿で満足できるご飯と麺も、できるだけ最小限に。レンチンだけなど、時短で作れるレシピを紹介します。フライパンひとつ、自信作のお好み焼きやもんじゃ、クレープといった粉ものレシピもお見逃しなく！

ねぎ塩豚レモン飯

2人分

① フライパンに**バター20ｇ**、**酒大2**、**レモン汁大1**、**にんにくチューブ小1**、**塩・とりがらスープの素各小1/2**を入れて混ぜる。**長ねぎ1本**を薄切りにして加え、火にかける。

② **豚バラ薄切り肉200ｇ**、**ホールコーン缶1缶（120ｇ）**、**冷凍枝豆（さやから出して）50ｇ**を加え、肉に火が通るまで炒める。

③ **ご飯200ｇ**、**クリームチーズ30ｇ**、**粗びき黒こしょう少々**をのせ、**しょうゆ大1/2**を回しかける。食べる時に混ぜ合わせ、好みで追い**レモン汁**をかける。

酸っぱいもん好きのぼくの鉄板レシピ！

とり皮の脂で中華屋さんの味に

とり皮チャーハン

1人分

① フライパンに**とり皮1枚分**を入れて弱火にかけ、脂が出てカリッとするまで両面をじっくり焼く。脂はフライパンに残し、とり皮だけを取り出す。

② ①のフライパンを中火にかけ、**溶き卵1個分**を回し入れる。**ご飯200ｇ**、**長ねぎの小口切り適量**、**とりがらスープの素大1/2**を加え、へらで切るように混ぜながら炒め合わせる。

③ とり皮をちぎって加え、**塩**、**こしょう**で味を調える。

ご飯は、あればパック入りのものを温めずに加えると粘りが抑えられてパラパラに！

レンジですぐでき
ボリューム丼

ズボラうま豚丼

2人分

①　**にんじん1/5本**は細切りにする。**ほうれん草1/4わ**、**豚バラ薄切り肉3枚**は食べやすく切る。

②　耐熱ボウルに、**大豆もやし1袋（200ｇ）**、①、**白いりごま・コチュジャン・しょうゆ・はちみつ・ごま油各大1**、**とりがらスープの素小1**を入れて混ぜ、ラップをかけて3分レンチンする。いったん取り出して混ぜ、ふたたびラップをかけて3分レンチンする。

③　器に**ご飯適量**を盛り、②をかける。

水分量は
様子を見ながら
調整してね

トマチキパエリア

2人分

①　**玉ねぎ1個**は縦半分に切って縦薄切りにする。**とりもも肉200ｇ**は両面にかるく**塩**をふり、小さめのひと口大に切る。

②　フライパンに**オリーブオイル大1**を熱し、玉ねぎを炒める。とり肉と、**米150ｇ**を洗わずに加え、米が透き通るまで炒める。

③　**カットトマト缶200ｇ**、**水1カップ**、**顆粒コンソメ小2**、**塩少々**を加えて混ぜ、**トマト1個**をのせる。弱火にしてふたをし、15～20分蒸し焼きにする（焦げそうなときは水1/4カップを足す）。ふたをはずして中火にし、汁けがなくなるまで焼く。好みで**ドライパセリ**をふる。

ふたをはずしたあと、水分をとばす前にまだ米に芯が残っていたら追加で煮て。汁けをとばしてから1～2分焼くとお焦げができるよ。

塩昆うまみ飯

`1人分`

耐熱ボウルに**温かいご飯150g**、**卵1個**、**塩昆布大1**、**しょうゆ・ごま油各小1**を入れて混ぜ、ラップをかけずに2分レンチンする。さらに混ぜる。

> ガーッ！と
> 混ぜてチン
> するだけ！

> 甘酢じょうゆの
> チキンライスが
> クセになる！

さっぱり！おむらいす

`1人分`

① **とりもも肉150g**は小さめのひと口大に切り、**塩・こしょう各少々**をふる。

② **酢大2**、**砂糖・しょうゆ各大1と1/2**を混ぜる。

③ フライパンに**サラダ油大1**を熱し、とり肉を焼き色がつくまで炒める。**ご飯150g**を加えてかるく炒め、②、**ドライパセリ適量**を加えて絡め、器に盛る。

④ **卵2個**を溶きほぐし、小さめのフライパンでオムレツを作り、③にのせる。好みで**マヨネーズやソース**をかけ、**ドライパセリ**をふる。

明太高菜レンジチャーハン

1人分

① 耐熱容器に**ご飯150g**、**卵1個**、**高菜漬け（または好みの漬けもの）50g**、**ごま油大1/2**を入れて混ぜ、ラップをかけて3分レンチンする。

② **明太子1/2腹**は薄皮を除き、ほぐして加え、**塩・こしょう各少々**を加えて混ぜ合わせる。

明太子と高菜の
塩けで味つけ
は最小限！

高菜漬けが大きい場合は細かく
刻んでね！

えびピラフ風

店レベルの
ピラフがレンジで
作れちゃう

2人分

① **マッシュルーム2個**は薄切りにする。

② 耐熱ボウルに**むきえび200g（背ワタを取ったもの）**を入れ、**①**をのせる。**酒大1**を回しかけ、**塩ふたつまみ**をふる。ラップをかけて3分レンチンする。

③ **温かいご飯300g**、**顆粒コンソメ小1**、**バター20g**を加え、よく混ぜてラップをかけて2分レンチンする。器に盛り、好みで**ドライパセリ**をふる。

ぼくのお気に入り
焼きカレー

ワンパンチーズカリー

3〜4人分

① フライパンに**オリーブオイル大1**を熱し、**豚ひき肉150g**、**塩少々**を入れ、ほぐしながら色が変わるまで炒める。

② **米300g**を加え、透き通るまで約5分炒める。**水3と1/2カップ**、**カレールウ40g**、**顆粒コンソメ小1**を加えて煮立て、ふたをして弱火で約15分煮る。米がかたければ、ふたをしてさらに約5分煮る。

③ 上下を返してほぐすように混ぜ、真ん中をあけて**卵2個**を割り入れる。**ピザ用チーズ50g**を散らし、ふたをして弱火で約5分煮る。好みで**ドライパセリ**をふる。

米に芯が残るようなら、やわらかくなるまで追加で加熱してください。

ツナマヨキムチーズ
にぎり

作りやすい分量

① **キムチ50g**、**スライスチーズ3枚**は粗みじん切りにする。**ツナ缶（油漬け）1缶（70g）**は缶汁をきる。

② **温かいご飯200g**をボウルに入れ、**①**、**白いりごま大1**、**コチュジャン・マヨネーズ・ごま油各大1/2**を加えて混ぜる。

③ 7等分し、ラップで包んで丸くにぎり、**韓国のり適量**を細かくちぎってまぶす。

韓国風おにぎり
チュモッパを
ツナでアレンジ！

みそバター
鮭ご飯

炊き立ての
ご飯だとより
おいしい！

1人分

① 耐熱ボウルに**生鮭1切れ**、**酒小1**を入れ、ラップをかけて3分レンチンする。余分な水分をふき取り、皮と骨を取り除いて身をほぐす。

② **温かいご飯200g**、**みそ・しょうゆ各小1**、**バター5g**を加え、混ぜ合わせる。

鮭は生鮭を使っていますが、甘塩鮭で作っても。その場合はしょうゆなしにして、味をみて調整してね。

豚バラと高菜の
ガツンと丼

豚バラは
ぜひブロックで
作ってみて

2人分

① **高菜漬け50g**は粗みじん切りにする。**豚バラかたまり肉200g**は1cm角に切る。

② 鍋に**ごま油大1**を熱し、豚肉を色が変わるまで炒める。高菜、**にんにくチューブ小1**を加えて混ぜ、**水1カップ**、**砂糖・酒・オイスターソース各大1**を加え、煮立ったら弱火にして約5分煮る。

③ **水溶き片栗粉（片栗粉大1、水大2）**を加えて混ぜ、とろみがついたら器に盛った**温かいご飯適量**にかける。

> オイスターソースの
> コクが◎。名付けて
> 焼きそばパスタ！

豚バラとねぎの
ワンパンパスタ

`2人分`

① **長ねぎ1本**は5～6㎝長さに切って縦4等分に切り、**豚バラ薄切り肉150ｇ**は長さを半分に切る。

② フライパンに**水3カップ**、**塩小1/2**を入れて沸かし、**スパゲッティ200ｇ**を袋の表示より1分短くゆでる。

③ **①**を加えてかるく混ぜ、ときどきフライパンをゆすって水分をとばしながら加熱する。汁けがほとんどなくなったら、**白すりごま・オイスターソース各大1**、**しょうゆ大1/2**、**砂糖小1**を加えて煮絡める。

> 話題のぺぺたま
> をレンジで！

レンチン素ぺぺたま

`1人分`

① 16×12×高さ6cmの耐熱容器に**水1と1/4カップ**、**塩ふたつまみ**、**にんにくチューブ小1**、**赤唐辛子の小口切り小1/3**を入れて混ぜる。**スパゲッティ100ｇ**を半分に折って、半量ずつクロスさせて入れる。

② ラップをかけずにスパゲッティの袋の表示時間より3分長くレンチンする。

③ 麺のかたさをみて、水分が残っている場合は捨てる。熱いうちに、**めんつゆ大1**、**バター10ｇ**を加え、**卵1個**を割り入れ、よく混ぜる。器に盛り、好みで**一味唐辛子**をふる。

シーフードを堪能できるぜいたく焼きそば

うま塩
海鮮焼きそば

① **冷凍シーフードミックス200ｇ**は袋の表示どおりに解凍する。**焼きそば用麺2玉**は袋に切り目を入れて1分15秒レンチンする。

② **酒大1、とりがらスープの素・レモン汁・ごま油各小1、塩ひとつまみ**を混ぜる。

③ フライパンに**ごま油大1**を熱し、シーフードミックスを炒める。麺を加えてほぐしながら炒め合わせ、②を加えてさらに炒めながら絡める。

塩レモンだれが超さっぱり！真夏に食べて

ねぎねぎ！
ぶっかけそうめん

① **長ねぎ3本**はみじん切りにする。

② 鍋に**ごま油・水各1/2カップ、とりがらスープの素・レモン汁各大1、塩小2**、①を入れ、混ぜながら約2分煮る。

③ 別の鍋にたっぷりの湯を沸かし、**そうめん100〜150ｇ**を入れて軽くほぐす。再び沸騰したら火を止め、ふたをして約5分おく。氷水にとって洗い、水けをきる。器に盛り、②を適量かける。

トマトとみそが
意外に合う！

トマトみそパスタ

2人分

フライパンに**オリーブオイル大1**、みじん切りにした**にんにく1片**を入れて弱火にかける。香りが立ったら**カットトマト缶1缶（400ｇ）**、**水２カップ**、**みそ大２**、**塩ふたつまみ・こしょう少々**を加え、煮立ったら**スパゲッティ（8分ゆで）160ｇ**を加える。ふたをしてときどき混ぜながら中火で約８分煮る。器に盛り、好みで**粉チーズ**をふる。

> 加熱中、水分が少なくなったら水適量を足してください。加熱後、汁けが多い場合はふたをはずし、火を少し強めて汁けをとばします。

和のおいしさが
てんこもり！

レンチン一撃
和風ツナスパ

1人分

① **スパゲッティ100ｇ**は半分に折って16×12×高さ6㎝の耐熱容器に入れ、**水1と1/2カップ**を加える。ラップをかけずに8分レンチンする。

② 水けをきり、**ツナ缶（油漬け）1缶（70ｇ）**を缶汁ごと加え、**バター10ｇ**、**めんつゆ大1**、**塩昆布3つまみ**を加えて混ぜ、**青のり適量**をふる。

> スパゲッティの袋にレンチン時間が書いてある場合は、その記載どおりの時間と水加減でチンしてみてね。

> しいたけの
> うまみがギュッと
> 凝縮された

> レンチンOKの中華麺を使用する場合は
> 袋の表記どおりに加熱してください。

うま辛
ジャージャー麺

`1人分`

1. **しいたけ2枚**は軸を落として1cm角に切る。**A**（水1/2カップ、**甜麺醤大2**、**にんにくチューブ・しょうがチューブ・砂糖・片栗粉・しょうゆ各小1**、**とりがらスープの素少々**）は混ぜる。

2. **中華麺1玉**はゆでてざるに上げ、冷水で洗う。水けをきり、器に盛る。

3. フライパンに**ごま油大1**を熱し、**あいびき肉100g**と①のしいたけを炒める。肉の色が変わったら**A**を加えて約2分混ぜながら炒める。とろみがついたら②にかける。

かま玉ボナラ

`1人分`

1. **冷凍うどん1玉**は袋の表示どおりにレンチンし、さっと洗って水けをきり、器に盛る。

2. **温泉卵1個**をのせ、**だしじょうゆ適量**をかけ、**粉チーズ・青のり各適量**をふり、**オリーブオイル適量**をかける。

> オリーブオイルと
> 青のりの組み
> 合わせが良き

> だしじょうゆがなければ、
> めんつゆや白だしでも。

練りごまが
クリーミィー！

混ぜるだけ！
うっま坦々うどん

1人分

冷凍うどん1玉は袋の表示どおりにレンチン
する。ボウルに入れ、**砕いた好みのナッツ
30g**、青ねぎの小口切り適量、白練りごま
大1、オイスターソース・ごま油・豆板醤・
酢各小1、とりがらスープの素少々を加えて
混ぜる。

まろやかで
麺によく絡む

豆腐みそクリーム
うどん

1人分

① **冷凍うどん1玉**は袋の表示どおりにレン
チンする。

② **絹ごし豆腐150g**は水けを拭いて器に入
れ、**マヨネーズ大2、みそ大1/2、めん
つゆ小1**を加えてなめらかになるまで混
ぜる。

③ ①を加えて混ぜ、好みで**ラー油**をかけ、
粗びき黒こしょうをふる。

キムチと豆乳の
間違いない
組み合わせ

豆乳キムチ
うどん

[1人分]

① 耐熱ボウルに凍ったままの**冷凍うどん1
玉**、**豚バラ薄切り肉3枚**を入れ、ラップ
をかけて4分レンチンする（肉に赤い部
分が残っていたら追加でレンチンする）。

② うどんを器に盛り、**無調整豆乳180㎖**、
めんつゆ大1を加えて混ぜる。豚肉と、
キムチ・とろろ昆布各適量をのせ、好み
で**ラー油**をかける。

スンドゥブ風
うま辛麺

レンチン韓国うどん

[1人分]

① 耐熱の器に**みそ・酒・みりん・しょうゆ
各大1**、**顆粒だし・ごま油・コチュジャ
ン各小1**を入れて混ぜる。

② 食べやすく切った**豚バラ薄切り肉2枚**、
キムチ50ｇを加えて混ぜる。**凍ったま
まの冷凍うどん1玉**をのせ、**にら適量**を
食べやすく切ってのせ、**水1カップ**を回
し入れる。ラップをかけて6分レンチン
する。

③ いったん取り出して全体を混ぜ、ふたた
びラップをかけて2分レンチンする。よ
く混ぜ合わせ、**卵黄1個分**をのせ、**焼き
のり**をちぎって散らす。好みで**白いりご
ま**をふる。

父直伝のお好み焼き

> ぼくの実家は
> お好み焼き店。
> 粉もんは任せろ！

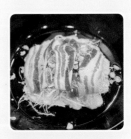

2枚分

① **キャベツ60g**はせん切りにする。**豚バラ薄切り肉2枚**は3等分に切る。

② ボウルに**小麦粉60g**、**米粉20g**を入れ、**水130ml**を少しずつ加えて泡だて器で混ぜる。

③ フライパンを熱して**サラダ油少々**を薄くひき、②の生地の約1/4量を直径18cmくらいになるように広げる。キャベツの半量、**紅しょうが小1**、**天かす大1**を順にのせ、豚肉を広げてのせ、**花かつおひとつかみ**をのせる。約2分焼き、残りの生地の1/4量をかける。裏返して約5分焼き、ふたたび裏返す。もう1枚も同様に焼く。

④ 器に盛り、好みで**お好みソース**、**マヨネーズ**、**青のり**をかける。

野菜と豚肉を生地の上に
こんもりとのせて。

ぼくの思い出の味を
ぜひお家で!

はしまき

3個分

① **キャベツ3枚**は粗く刻む。**小麦粉100ｇ**とともにボウルに入れ、**だし汁3/4カップ**を少しづつ加えて混ぜる。なめらかになったら**卵1個**を割り入れ、**紅しょうが10ｇ**、**天かす大3**を加えてよく混ぜる。

② ホットプレートに**サラダ油適量**を熱し、①の1/3量を縦長に流し入れる。底面に焼き色がついたら裏返し、焼き色がつくまで焼く。割り箸を生地の手前にのせ、フライ返しで押さえながら巻く。

③ 残りも同様に焼いて巻く。器に盛り、好みで**青のり、ソース、マヨネーズ、削りがつお**をかける。

だし汁は水3/4カップに和風顆粒だし小さじ1/2を混ぜて溶かしたものでも。やけどに気をつけてフライパンで焼いても。

小麦粉と
片栗粉で
もちもち生地に

いかにらチヂミ

1枚分

① **いか1/2ぱい(下処理済みのもの) 100ｇ**は3〜4㎝長さの細切りにする。**にら1/2束**は3㎝長さに切る。**Ａ**(**しょうゆ大2、ごま油大1、一味唐辛子適量**)を混ぜる。

② ボウルに**小麦粉120ｇ**、**片栗粉30ｇ**、**とりがらスープの素小1**、**水3/4カップ**を入れ、**卵1個**を割り入れ、よく混ぜる。①のいかとにらを加えてさっくりと混ぜる。

③ フライパンに**ごま油大1**を熱し②を流し入れる。弱めの中火で約6分焼き、底面が焼き固まったら裏返し、約4分焼く。器に盛り、**Ａ**を添える。

いかは刺し身を使ってもOKです。

焼きそばの
代わりに
もやしをたっぷり

もやしで広島風焼き

1枚分

① ボウルに**小麦粉100ｇ**、**水3/4カップ**を入れてよく混ぜる。

② フライパンに**サラダ油大1**を熱し、①の半量を流し入れて薄く広げる。**削りがつお小1袋**を散らし、**もやし1袋（200ｇ）**をのせる。**塩小1/3**をふり、残りの①をかける。ふたをして弱火にし、約10分焼いたら滑らせるようにして皿に取り出す。

③ 同じフライパンで**豚バラ薄切り肉100ｇ**を炒め、火が通ったら**卵2個**を割り入れる。②をのせ、約5分焼く。裏返して器に盛り、**ソース**、**マヨネーズ**各適量をかける。

もんじゃといえば
やっぱコレでしょ

ホットプレートでもももちろん作れます。
スライス切り餅がなければ、普通の切り餅を小さく切っても（ケガに注意！）。

明太チーズもんじゃ

2人分

① **キャベツ1/4個**は粗みじん切り、**明太子50ｇ**は薄皮を除いてほぐす。**スライス切り餅4枚**は縦半分に切って1㎝幅に切る。

② ボウルに**水1カップ**、**小麦粉20ｇ**、**紅しょうが・天かす各10ｇ**、**おやつ用インスタントラーメン5ｇ**、**お好み焼きソース大1**を混ぜる。

③ フライパンに**サラダ油大2**を熱し、キャベツを炒める。しんなりしたら明太子、餅を加えて弱めの中火で炒める。真ん中を空けて②を流し入れ、ふつふつとしてきたら全体を混ぜ、平らに広げる。**ピザ用チーズ30ｇ**をのせる。

チーズホットク

[4本分]

① **ソーセージ1本**、**さけるチーズ1本**は長さを半分に切り、竹串に1切れずつ刺す。

② ボウルに**ホットケーキミックス100g**、**牛乳40㎖**を入れ、よく混ぜる。粉っぽさがなくなったら4等分する。

③ まな板に打ち粉をして②をのせ、めん棒で直径10㎝に伸ばす。①をのせて包み、水にさっとくぐらせて**パン粉20g**をまぶしつける。

④ 鍋に3㎝深さの**揚げ油**を170℃に熱し、③を入れる。ときどき転がしながらきつね色になるまで約4分揚げる。器に盛り、**ケチャップ適量**をかける。

話題のホットクもまかせとけ！

ハニーチーズピザ

[1枚分]

① ボウルに**ホットケーキミックス150g**、**プレーンヨーグルト50g**、**オリーブオイル大1**を混ぜる。オーブンを220℃に予熱する。

② 天板にオーブンシートを敷き、①を5mm厚さになるように広げる。**オリーブオイル適量**をぬり、**はちみつ大1と1/2**を回しかける。**ピザ用チーズ50g**を広げのせ、**クリームチーズ40g**をちぎって散らす。オーブンで約10分、チーズに焼き色がつくまで焼く。器に盛り、**粗びき黒こしょう少々**をふり、好みで**はちみつ**をかける。

カリッサクッの生地にはちみつの甘さが最高！

179

ぺったこ焼き

1枚分

1. **ゆでだこの足100g**は小さめの一口大に切る。ボウルに入れ、**水1カップ**、**小麦粉100g**、**だしじょうゆ大3**を加えて混ぜる。

2. フライパンに**サラダ油大1**を熱し、①を流し入れる。フツフツとしてきたら**卵2個**をそっと割り入れ、ふたをし、卵が固まってきたら裏返す。約5分焼いたら半分に折って器に盛る。好みで**削りがつお**をのせ、**だしじょうゆ**や**めんつゆ**をかけて食べる。

大きく焼いた
たこ焼き風が
新しい！

アスパラのチヂミ

2人分

1. **アスパラガス100g**は縦半分に切って5cm長さに切る。**塩少々**をふり、**小麦粉大1**をまぶす。

2. フライパンに**ごま油大1**を熱し、①を**溶き卵1個分**にくぐらせながら並べる。残った溶き卵を回しかけ、両面を焼き色がつくまで焼く。器に盛り、**ポン酢じょうゆ大1**、**コチュジャン小1**を混ぜたたれを添える。

韓国料理の
チヂミをアスパラ
だけでアレンジ

すぐに作れて
ブランチにも
ぴったりよ

ハム卵ガレット

`1枚分`

① ボウルに**無調整豆乳1/4カップ**、**小麦粉25g**、**塩ひとつまみ**を順に入れ、泡だて器で均一になるまで混ぜる。

② フライパンに**オリーブオイル大1/2**を熱し、①を流し入れて広げ、**ハム2枚**をのせる。

③ いったん火を止め、生地の縁に**ピザ用チーズ30g**をぐるりとのせて土手を作り、中に**卵1個**を割り入れる。ふたをして火にかけ、卵の表面が白くなるまで焼く。半分に折って器に盛る。

スライスした
ゆで卵を
加えても！

てり焼き
チキンクレープ

`2個分`

① ボウルに**小麦粉50g**、**卵1個**、**牛乳1/2カップ**を入れ、泡だて器でよく混ぜる。

② フライパンに**サラダ油**を薄くひき、①の半量を流し入れて広げ、弱火で両面を焼き、取り出す。残りも同様に焼く。

③ **レタス2枚**は食べやすくちぎる。②にレタス、**焼きとり缶2缶**をたれをきって等分にのせ、**マヨネーズ適量**をかけて包む。

181

へなちょこ おやつ

スウィートなさつまいも

> バニラアイスが
> おいしさの秘密

材料 作りやすい分量

さつまいも …… 1本(250g)
バニラアイス …… 1個(140g)
溶けるスライスチーズ …… 2枚
黒いりごま …… 適量

作り方

① さつまいもは縦半分に切って水にさっとさらし、耐熱皿に並べてラップをかけ、約7分レンチンする。皮は残してスプーンで取り出す。

② 耐熱ボウルに①で取り出したさつまいも、バニラアイス、チーズを入れて軽く潰しながら混ぜる。ラップをかけ、約3分レンチンする。

③ 全体を混ぜ、①のさつまいもの皮に入れて器に盛り、ごまをふる。

豆腐でやわらか。
罪悪感が少ない
のもイイよね！

豆腐チーズケーキ

材料 12×12cmの耐熱容器1個分

絹ごし豆腐 …… 1/3丁（100g）
　　（軽く水きりする）
卵 …… 1個
クリームチーズ …… 100g
　　（室温におき、やわらかくする）
砂糖 …… 40g
小麦粉・レモン汁
　　…… 各大さじ1

作り方

① ボウルにクリームチーズと砂糖を入れて、泡だて器でなめらかになるまで混ぜる。豆腐を加えて卵を割り入れ、なめらかになるまで混ぜる。小麦粉、レモン汁を加えてさらに混ぜる。

② 耐熱容器にオーブンシートを敷き、①を流し入れる。ラップをかけ、約3分レンチンする。粗熱がとれたら冷蔵室で2〜3時間冷やす。

クリームチーズと砂糖が
なめらかになったら、卵
と豆腐を加えて混ぜて。

お餅好きのオムレツ

朝食や夜食に◎。餅入りだから食べごたえ十分

中はとろ〜り半熟状態でOK。砂糖は好みで調整を。

材料 | 作りやすい分量

切り餅 …… 2個　　砂糖 …… 大さじ2

牛乳 …… 1/2カップ　　バター …… 10g

溶き卵 …… 2個分

作り方

①　餅は2cm角に切って耐熱ボウルに入れ、牛乳、砂糖を加えてからめる。ラップをかけて4分レンチンし、泡だて器でなめらかになるまで混ぜる。溶き卵を加え、さらに混ぜる。

②　卵焼き器にバターを溶かし、①を流し入れる。アルミホイルをかぶせて弱火にし、焦げないように様子をみながら5〜6分焼く。生地に火が通ったら半分に折りたたみ、器に盛る。好みでメープルシロップやはちみつ、粉糖をかける。

バターは玉子焼き器の縁にもぬり広げて。直径18cmほどの小さめのフライパンで作っても。アルミホイルは、すきまなくしっかりかぶせてね。

さつまいも …… 1本(250g)

りんご …… 1/2個

春巻きの皮 …… 5枚

牛乳 …… 80㎖

砂糖 …… 大さじ1

ピザ用チーズ …… 適量

サラダ油 …… 大さじ3

作り方

① さつまいもは皮をむいてひと口大に切り、水にさらして水けをきる。耐熱ボウルに入れ、ラップをかけて6分レンチンする。水けをきり、よく潰して牛乳、砂糖を加えて混ぜる。

② りんごは7〜8㎜角に切る。耐熱容器に入れ、ラップをかけて3分レンチンし、①に加えて混ぜる。

③ 春巻きの皮に②を等分してのせ、チーズをのせて巻く。フライパンに巻き終わりを下にして並べ、サラダ油を回しかけ、両面に焼き色がつくまで約4分揚げ焼きにする。器に盛り、好みではちみつをかける。

さつまいもりんごパイ

春巻きの皮で
手軽にパイっ！

巻き終わりは水などで留めなくてOK。

A
卵 …… 2個
砂糖 …… 25g
小麦粉 …… 50g
無調整豆乳 …… 1カップ
バニラエッセンス …… 少々

バター …… 15g
チョコチップ・
　アーモンドスライス・粉糖
　　…… 各適量

作り方

① ボウルに**A**を順に入れ、泡だて器でそのつどよく混ぜる。

② 卵焼き器にバターを熱して溶かし、ペーパータオルで広げる（2回目以降に焼く際に利用する）。①を適量流し入れ、表面が乾いたらチョコチップとアーモンドを全体にちらし、卵焼きを作る要領で奥から手前に巻く。

③ 生地がなくなるまで②を繰り返して焼く。器に盛り、粉糖をかける。

やんちゃな
チョコクレープ

甘い生地が
層になって
ウマぁ〜い♪

186

きな粉たっぷり
ホッとする
優しい味デス

ほっぺた落ちる
きな粉餅

材料 10×14cmの耐熱容器1個分

A
- きな粉 …… 10g
- 小麦粉 …… 40g
- 砂糖 …… 50g

水 …… 120㎖

作り方

① ボウルに **A** を茶こしでふるって入れる。水を少しずつ加え、そのつど泡だて器で混ぜ合わせる。全体が均一になったら、内側を濡らした耐熱容器に、こしながら流し入れる。

② ラップをかけずに3分レンチンし、生地がまだ固まっていなければさらに1分30秒レンチンする。粗熱がとれたら冷蔵室で30分冷やす。食べやすく切って器に盛る。

材料 6〜8個

餃子の皮 …… 6〜8枚
絹ごし豆腐 …… 1/6丁
　（50g・水けを拭く）
無糖ココアパウダー …… 30g
砂糖 …… 大さじ3
サラダ油 …… 小さじ2

作り方

① ボウルに豆腐を入れ、ゴムべらでなめらかになるまで潰す。ココアパウダー、砂糖を加え、なめらかになるまで混ぜ合わせる。

② 6〜8等分して餃子の皮にのせ、包む。

③ フライパンにサラダ油を弱めの中火で熱し、②を並べる。ときどき裏返しながら両面に焼き色がつくまで焼く。

四方からたたむようにして四角く包む。包み終わりは軽く押さえればOK。

ざくっとチョコパイ

餃子の皮でスイーツも！

抹茶みるく餅

もっちもちで
抹茶の風味も
しっかり感じる

材料 14個分

A ┌ 牛乳 …… 1カップ
　　抹茶パウダー
　　　…… 大さじ1
　　砂糖 …… 大さじ2
　　└ 湯 …… 大さじ2
片栗粉 …… 40g
ゆであずき・きな粉
　　…… 各適量

作り方

① フッ素樹脂加工の小鍋に **A** を入れて泡だて器でよく混ぜる。弱火にかけ、ゴムべらで絶えず混ぜながら温める。砂糖が溶けたら片栗粉を加え、弱めの中火にして練りながら混ぜる。

② とろみがついてきたら弱火にしてさらに混ぜる。粘りが出てきたら水で濡らしたバットに取り出し、粗熱がとれたら14等分して丸める。器に盛り、ゆであずきを添え、きな粉をふる。

混ぜながら加熱するのがポイント。フッ素樹脂加工がされている鍋で。

おわりに

この1冊では、ぼくが本当に好きな料理だけを
304品ご紹介しました。
偏愛レシピなので、チーズやキムチ、レモン…、
登場回数多いです(笑)。
レシピとはいえないほど簡単すぎるものもありますが、
どれも自信をもっておすすめします。
とにかく「食べたい！」ものから作ってみてください。

「料理のあらゆるストレスを最小限に」
というテーマでのレシピ開発は、かなり悩み、生みの苦しみを味わいました。
ふだんのSNSでは歌ったり、コスプレしたり、ふざけてばかり（？）ですが、
いつもSNSで応援してくださるフォロワーの皆さんに
少しでも恩返しができたらうれしいです。
最後に、この本に携わってくれた関係者の皆さん、
ありがとうございました。

これからも「料理っておもしろい！」という
ぼくならではのメッセージを発信していきます。
どうぞご期待ください！

2024年5月　経塚翼

経塚 翼 きょうづか つばさ

「おいしくて、楽しい料理」をモットーにSNSでレシピを発信し、総フォロワー数180万人（2024年4月時点）と人気。食品プロデュースやレシピ開発の依頼も絶えない。2022年に刊行した初のレシピ本『うますぎッ！太らないごはん』(KADOKAWA)も好評発売中。

Instagram・TikTokともに
@ tsubasa_kyoduka

X
@ tbs_dn

YouTubeチャンネル
https://www.youtube.com/
@user-sl3hb5si5n/videos

撮影　　　　　難波雄史
スタイリング　阿部まゆこ
イラスト　　　加納徳博
デザイン　　　高橋倫代
調理スタッフ　好美絵美　三好弥生　栗田真大
校正　　　　　新居智子　根津桂子
編集協力　　　結城歩　藤岡美穂

モチベ0（ゼロ）で作れる！
最小限（さいしょうげん）レシピ

2024年5月10日　初版発行

著者　　　経塚 翼（きょうづか つばさ）
発行者　　三宅 明
発行　　　株式会社毎日が発見
　　　　　〒102-8077
　　　　　東京都千代田区五番町 3-1
　　　　　五番町グランドビル2階
　　　　　電話　0570-030-025 (内容問い合わせ)
　　　　　https://www.lettuceclub.net/
　　　　　※上記サイト内「お問い合わせ」よりお寄せください。

発売　　　株式会社KADOKAWA
　　　　　〒102-8177
　　　　　東京都千代田区富士見 2-13-3
　　　　　電話　0570-002-008 (購入・交換窓口)

印刷・製本　　TOPPAN株式会社